이재명,
한다면 한다

이재명, 한다면 한다

초판 1쇄 인쇄 2021년 5월 11일
초판 1쇄 발행 2021년 5월 23일
초판 2쇄 발행 2021년 6월 15일

지 은 이 백승대
디 자 인 김민성
펴 낸 이 백승대
펴 낸 곳 매직하우스

출판등록 2007년 9월 27일 제313-2007-000193
주   소 서울시 마포구 모래내로7길 38 605호(성산동, 서원빌딩)
전   화 02) 323-8921
팩   스 02) 323-8920
이 메 일 magicsina@naver.com
I S B N 979-11-90822-14-5

이재명, 한다면 한다

디테일에 강한 유능한 진보

백승대 지음

Magic House
마법의 책공장

Prologue
프롤로그

4월 재보궐 선거에서 참패를 당한 민주당으로선 2022년 대선에 경고등이 들어왔다. 재보궐 선거를 통해 드러난 민심을 제대로 수습하지 않는다면 민주당 재집권은 가시밭길을 가게 될 것이다.

이제 민주당의 패배 원인을 제대로 파악하는 것이 무엇보다 중요한데 그게 쉬운 일이 아니다. 자칫 패배의 원인을 제대로 파악하지 못한 채 그동안 해 왔던 개혁과제를 포기하고 기득권층들과 대충 타협을 하게 된다면 더 큰 나락으로 빠져들고 말 것이다. 패배의 원인은 명확하다. 180석의 절대 의석을 갖고도 개혁과제들을 제대로 책임 있게 추진하지 못했다는 것이다.

민주당의 재보궐 선거 참패에도 불구하고 이재명이라는 가장 개혁적인 캐릭터의 대통령 후보가 있다는 것은 민주당에게 그나마 축복이라고 할 수 있다. 많은 사람이 이재명에게 지지부진한 개혁과제들을 속도감 있게 추진할 것으로 기대하고 있다.

이재명에게 열광하는 자들은 그가 서민의 편에 서서 기울어진 운동장을 평평하게 해 줄 것이라고 믿는다. 확실하게 이재명은 기존 정치인들과 다른 상상력과 추진력을 보여준다. 기본소득, 기본주택, 기본대출은 이재명식 상상력의 결정판이라고 할 수 있다. 기존 정치인 중 그 누구도 던지지 못한 화두를 이 시대에 던지고 있다. 전 세계 어느 나라도 가 보지 않은 길을 가겠다고 이재명은 천명했다. 아무도 가 보지 않은 길에서 가장 큰 수혜를 입게 될 사람은 바로 그동안 가장 소외되었던 서민들이다. 그런 이유로 새로운 길을 가고자 하는 이재명에게 많은 사람이 열광하고 있다.

똑같은 이유로 이재명을 비토하는 사람들은 이재명의 정책이 허무맹랑하며 실현 가능성도 없다는 이유로 그를 비난한다. 기본소득은 알래스카 외에는 실시하는 나라가 없으며, 하물며 서유럽 특히 스위스에서조차 전국민 기본소득이 국민투표에서 압도적인 반대로 부결되었다는 예를 들면서 반대한다. 그런 이유로 이재명은 현란한 말장난으로 혹세무민하는 포퓰리즘 정치인이라고 비난한다.

이재명을 비난하는 사람들은 이재명의 이른바 기본 시리즈 정책들이 수많은 선량한 사람들의 노동 의욕을 저하하고 도덕적 해이를 조장한다고 말한다. '노동은 매우 신성한 것'이라는 우리 사회를 유지하는 가치에 정면 도전하는 것이라고 말한다. 노동하지 않으면서도 소득이 생긴다면 누가 노동을 하겠냐는 것이다. 하지만 이재명은 "노동이 신성한 것이 아니라, 인간이 존엄한 것이다."라고 말한다. 이재명의 기본 시리즈 정책은 생존을 위해 가혹한 노동을 하거나, 노동의 기회조차 얻지 못해 인간의 존엄마저 위협받고 있는 사람들이 인간으로서의 존엄을 지키며 살 수 있도록 국가가 제공하는 최소한의 장치라고 말한다.

자고 일어나면 아파트 가격이 폭등한다. 이제 월급으로는 50년 100년을 모아도 서울에 아파트 한 채 장만할 수 없게 되었다. 하지만 주위에는 영혼까지 끌어모아서 하나 샀더니 몇 년도 안 되어 아파트 가격이 폭등해 부동산 부자가 된 사람들이 많다. 거기다 공공아파트를 대량공급해서 부동산 시장을 안정시키겠다는 LH의 직원들은 신도시 예정부지의 땅을 미리 매입해서 시세차익을 올리려 했다.

우리 사회는 이런 불로소득 부자들이 많다. 많아도 너무 많다. 정상적으로 돈을 벌어서는 자기가 살아갈 집도 장만하지 못하지만, 영혼이라도 끌어모아서 아파트에 투자하면 자기 집을 가질 수 있는 것은 물론이고, 아파트값의 폭등으로 막대한 불로소득도 얻을 수 있다. 불로소득이 차지하는 비중이 너무 많은 사회에 우리는 살고 있다.

이재명의 정책은 불로소득의 기대를 버리게 하는 정책이다. 불로소득을 더이상 기대할 수 없는 사회가 되었을 때 비로소 노동도 신성해지고 인간도 존엄해질 수 있는 것이다.

이 책은 이재명의 각종 발언과 정책을 통해 이재명이 꿈꾸는 정책들이 정말 실현 가능한 것인지를 검증하는 데 의미가 있다.

이재명은 '정치는 실현 불가능할 것을 가능하게 만드는 것'이라고 말한다. 실현 불가능한 것이라고 믿었던 것에 대한 도전이 없었다면 인류사회의 발전은 불가능했을 것이다.

2022년 3월에 있을 대통령선거는 기본소득, 기본주택, 기본대출 논의가 활발히 진행되는 선거가 될 것이다. 이 선거를 통하여 우리 사회는 보다 높은 수준의 국민기본권을 보장하는 사회로 발전하게 될 것이다. 이재명의 당선 여부를 떠나서 대한민국의 정치발전을 위해서 매우 유익한 토론이 될 것이라고 확신한다.

정치는 국민으로부터 걷은 세금을 어떻게 어디다 지출해야 할 것인지 그 우선순위를 결정하는 일이다. 매월 10만 원씩 내는 계모임을 하는 날이면 한 명도 빠짐없이 참여한다. 그날 모여서 순번이 된 자에게 목돈을 주고 함께 식사한다. 거의 대부분이 참석한다. 선거가 바로 대한민국의 곗날인 것이다.

2021년 대한민국 1년 예산은 558조 원이다. 5,100만 인구를 참작하면 1인당 무려 1,100만 원의 예산이다. 그 예산의 쓰임새를 결정하는 일이 정치이며, 대통령선거는 그 정점에 있다. 내 돈 1,100만 원을 어디다 쓰느냐에 따라 내 삶의 질이 바뀌는 것이다. 곗돈보다 더 중요한 내가 낸 세금을 어디다 쓸 것인지를 결정하는 투표이다. 그래서 선거는 중요하다. 투표야말로 내 삶을, 내 이웃의 삶을 바꾸는 행위이다. 어느 지도자를 대통령으로 뽑느냐에 따라 적어도 우리의 운명이 5년은 바뀐다.

더욱 나은 나의 삶을 위하여 나는 이재명의 정책을 지지한다.

〈차례〉

제2장 디테일에 강한 유능한 진보

제3장 기본소득, 기본대출, 기본주택

제4장 이재명의 색깔

"5월 광주는 나의 사회의식을 비로소 단련시켰다. 광주를 만나지 못했다면 나는 한낱 개가 되고 말았을지도 모른다. 그러므로 광주는 나의 구원이었고 스승이었고 내 사회의식의 뿌리였다. 나를 바꿔놓았다."

이재명,
한다면 한다

제1장

성남시장이 된
소년공

01

1964년생
이재명

내가 1969년생이니 이재명은 나보다 겨우 다섯 살이 많다. 나의 바로 위 누이가 63년생인 걸 보면 우리는 정말 비슷한 시대에 태어나서 비슷한 환경을 겪으며 살아왔다.

1960년대에 태어나고 자란 그 시절엔 우리 모두가 가난했다. 가난했지만 우리 부모 세대들은 베이비붐을 일으키면서 많은 자식을 낳아 길렀다. 나의 부모님도 3남 3녀를 두었듯이, 우리의 이웃들도 대개 그러했다. 지금은 자녀 셋만 두어도 애국자라고 치켜세우지만, 그때는 자녀 셋은 조촐한 경우에 속했다. 그러고 보면 그때는 정말 모두가 애국자였다. 애국자 아닌 사람이 없었다. 그 가난했던 시절 애도 많이 낳았고, 그 애들 키우느라 일도 열심히 해야 했다. 지금처럼 무상교육, 무상급식, 무상교복이 있던 것도 아니었다. 초등학교는 무상교육이라고 했지만, 학비만 안 받는 의무교육이었다. 교과서를 제외한 모든 용품은 부모들의 책임이었다.

이재명 역시 경상북도 안동시 예산면 도촌리 지통마을에서 5남 4녀 중 일곱째로 태어났다. "나는 흙수저보다 더 낮은 무수저로 태어났다."라고 말할 정도로 버스도 안 다니는 오지마을에서 그야말로 찢어지게 가난하게 태어났다.

이재명의 부친 이경희는 일반 하사관으로 공군을 제대한 뒤 뒤늦게 야간학교와 청구대학을 다니다 그만두었다. 강원도 태백에서 탄광 관리자로 일하기도 했으며 잠시나마 교편을 잡기도 했다. 지통마을에 돌아온 아버지는 집안일보다는 동네일을 많이 했다고 한다. 그래서 집은 가난을 벗어나지 못했다. 아버지는 1986년 이재명이 28회 사시에 합격하자마자 55세의 나이에 위암으로 세상을 떠났다.

이재명의 회고에 의하면 이재명 부모님은 화전을 일구며 살아가기도 했다. 아버지는 돈을 벌러 도시로 나가고, 어머니는 남의 집 허드렛일을 해야 했다. 식사는 보통 보리밥에 된장, 짠지가 전부였다. 사실 이재명 부모님이 남들보다 더 특별히 가난했다고는 할 수는 없다. 그때 농촌에 사는 모든 집이 다 그렇다고 봐야 한다. 물론 상위 10%는 제외하고. 그때나 지금이나 상위 10%는 가난을 모를 수밖에 없다.

이재명의 어머니 구호명 여사가 2020년 3월 13일 향년 88세로 세상을 떠나던 날 이재명은 페이스북에 다음과 같은 글을 남겼다.

어머니, 기억나세요? 경북 안동 산골짜기, 방안의 물그릇조차 얼어 터지던 추운 소개집 부엌에서 우리 남매들 추울까 봐 새벽마다 군불 때 주시던 그때를, 자식들 입에 거미줄 칠까 봐 낮에는 남의 밭일로, 밤에는 막걸리와 음식을 파는 힘겨운 삶에 지쳐서 부엌 귀퉁이에서 우리 몰래 눈물 훔치시던 모습을 저는 기억합니다. 행여 들키시면 매운 연기 때문인척하셨지만 아무리 둔하고 어려도 그 정도는 구분할 수 있었습니다.

나는 이 글을 읽으면서 나의 돌아가신 어머니를 생각했다. 이재명 어머니의 부엌과 내 어머니의 부엌은 너무나 닮아 있었다. 당시 땔감은 나무였다. 연탄만 해도 사치였다. 내가 어렸을 때도 연탄 때는 부엌이 얼마나 부러웠는지 모른다.

이재명의 어릴 적 꿈은 선생님이 되는 것이었다고 한다. 선생님으로부터 하도 많이 맞아서 자기 자신도 선생이 돼 때려보기 위해서라고 했다. 그가 선생님으로부터 맞은 이유는 주로 준비물을 갖고 오지 않았다는 것이었다. 집안 형편이 어려워 초등학교 준비물조차 갖고 가지 못할 정도였던 것이다.

이재명의 안동 생활은 초등학교를 졸업하면서 마무리되었다. 이재명 아버지의 표현에 의하면 '서울 변두리의 어느 곳'이라고 하던 성남으로 이사를 했다.

아버지는 성남 상대원시장에서 청소부를 하며 한편으론 고물 수집상을 했다. 어머니는 시장의 변소 앞을 지키면서 요금을 받았다. 시장의 변소를 지키면서 요금을 받는 것을 요즘 젊은 사람들은 좀처럼 이해하기 어려울 것이다. 지금도 나는 순대나 떡볶이를 사 먹으러 의정부 중앙시장에 갔다가 화장실에 가려면 그 앞에서 나무 의자에 앉아서 10원짜리 동전을 받고 나서야 들여보내던 장면을 기억한다. 그런데 그 일을 이재명의 어머니가 하고 있었다. 의정부는 내가 자란 '포천면 동교리 나무골'에 비하면 너무나 번화한 도회지였지만, 모처럼 구경하러 가는 도회지의 모습이 그러했는데, 그 시절 성남의 모습도 의정부와 별반 다르지 않았다.

이러한 환경 탓에 이재명을 비롯한 일곱 남매의 상급학교 진학은 쉬운 일이 아니었다. 이 장면에서 나는 우리 부모님에게 그나마 매우 감사해한다. 자기 집은 있었지만, 자기 땅 한 평 없는 소작농이었지만 아버지는 다섯 남매를 최소 중학교까지는 진학을 시켰으니 말이다.

어쩌면 초가집일망정 자기 집이라도 있는 소작농이, 성남이라는 도시에서 더부살이하면서 잡부로 생계를 꾸려가야 하는 도시

빈민층보다는 형편이 좀 나았을지도 모른다는 생각이 든다.

어린 이재명은 겨우 초등학교를 졸업한 이후 노동자가 된다. 당시에도 취업할 수 있는 최소한의 나이가 있었는데, 이재명은 나이가 너무 어렸다. 그래서 이재명은 생애 첫 직장을 남의 이름으로 된 명찰을 달고 다니게 되었다.

소년공 출신
이재명

정치인에게 있어 사회에 나가서 처음 무슨 일을 했느냐는 매우 중요하다. 정치인뿐만 아니라 모든 사람에게 그러하다. 지금 현재의 내가 있기까지 그동안 지녔던 직업은 매우 소중한 경험이 된다. 이 과정을 적은 목록을 우리는 이력서라고 한다. 그의 이력을 보면 지금 그가 하는 일이 이해된다.

이재명의 이력서의 첫 줄은 삼계초등학교(지금은 월곡초등학교로 삼계분교) 졸업이고, 첫 직장은 성남으로 이사 온 지 한 달만인 1976년 3월 상대원시장에 있는 회사명을 기억하지 못하는 목걸이를 만드는 가내공장이었다. 그가 했던 일은 목걸이 납땜을 하는 일이었는데 일당 200원으로 한 달을 꼬박 일하면 6,000원을 받았다. 5개월 일하다가 9,000원을 준다는 다른 공장으로 이직을 했는데, 사장이 도망가는 바람에 3개월 치 임금을 떼였다. 세 번째 공장은 동마고무라는 곳이었는데, 이곳에서 모터 벨트에 왼손이 감겨 손에 고무가 들어가는 사고를 당했다. 1977년엔 아주 냉동이라는 회사에 들어갔는데 함석을 절단하는 일을 했다. 그때 함석에 찢긴 자리가 100여 군데로 아직도 흉터로 남아있다. 다섯 번째 공장은 야구 글러브와 스키 장갑을 만드는 대양실업이었는데, 이때 프레스 기계에 왼쪽 손목이 끼면서 뼈가 골절이 돼 기형이 되었다. 이 때문에 장애 6등급 판정을 받아 군대에도 가지 못했다. 지금도 팔이 굽어 있어 그는 넥타이를 한 손으로 맨다.

1979년 대양실업이 부도나면서 시계를 만드는 회사인 오리엔트에 입사했다. 밀폐된 공간에서 손목시계에 스프레이를 뿌리는 작업을 했는데, 그 냄새가 워낙 강해서 지금도 냄새를 제대로 맡지 못하는 장애를 얻게 되었다. 시계공장을 다녔지만, 시계를 차 본 경험이 없었는데 이 공장에서 시계를 받아서 처음으로 차 보았다. 이재명이 누군가에게 선물을 처음 준 것도 시계였다고 한다.

이 공장에서 선임들은 강제로 권투시합을 시켰다고 한다. 권투시합에서 지면 월급에서 떼어내어 그 돈으로 아이스크림을 사먹었다고 한다. 매 맞지 않고 공장생활을 하려면 관리자가 되어야 했는데, 관리자가 되려면 고등학교를 졸업해야 했다. 그래서 검정고시 학원에 등록했다. 검정고시를 준비한 지 1년도 안 된

1978년 중학교 검정고시를 통과했고, 1980년엔 고등학교 검정고시를 통과했다. 그 무렵 대입 본고사가 폐지되고 학력고사가 실시되었다. 지금의 수학능력평가랑 비슷한 것이었는데 시험을 먼저 보고 학력고사 성적으로 대학을 선택하면 되는 것이었다. 대입시험을 준비하기 위하여 성남에 있는 성일학원에 다녔는데 "무료로 다녀라. 너는 다른 놈이다. 널 믿어라."라고 격려해줬던 김찬구 원장을 지금도 잊지 않고 있다.

1981년 11월 12일 대입학력고사에서 이재명은 전국 2,000등 정도 했다고 한다. 그때 전국 수석을 했던 사람은 원희룡(현 제주지사)이 340점 만점에 332점이었다. 그때에는 20점 만점인 체력장이 있었다. 수험생의 99% 정도가 20점 만점을 맞을 정도로 난이도가 그리 높지 않았다. 그야말로 공부할 수 있는 매우 기초적인 체력 테스트였다. 대입 체력장에서 이재명은 20점 만점에 16점을 받았다. 팔 장애 때문에 턱걸이는 한 번도 못 하고, 윗몸 일으키기는 1분에 30번도 채우지 못했기 때문이다.

그는 우수한 성적으로 1982년 중앙대학교 법대에 진학했다. 4년 동안 등록금을 면제해주는 것은 물론이고 월 20만 원의 생활비(장학금)까지 받는 조건이었다. 본고사가 폐지되고 학력고사 방식으로 바뀐 이후 많은 학교에서 우수한 학생을 유치하기 위해 이런 파격적인 제안을 한 것이다. 당시 그가 받은 성적은 "서울대학교 한두 개 학과를 제외하고는 어느 대학 어느 학과에도 갈

수 있는 점수."였다. 그가 법대를 선택한 이유는 특별하지 않았다. 성적이 잘 나와서 중앙대에서 가장 성적이 높은 과를 선택했다고 한다.

이재명은 대학에 들어가서 처음으로 이 사회의 구조적 모순을 알게 되었다. 이제 비로소 정치인 이재명의 탄생이 머지않았음을 보여주는 전주곡이었다. 이재명이 광주를 만난 것이다.

5월 광주와
이재명

1982년 봄 이재명은 대학생이 되었다. 대학생이 된 이재명이 처음 한 일은 교복을 맞추는 일이었다. 이재명에게 교복은 늘 부러움의 대상이었다. 중학교, 고등학교를 나오지 않았으니 또래들이 한참 교복을 입고 학교에 다닐 때 그는 공장에 다녔다. 공장을 나서면 만나게 되는 교복 입은 학생들을 볼 때마다 자신의 처지가 너무나 처량했을 것이다. 당시 중고등학생들은 버스 요금이 반값이었는데, 이재명이 또래들처럼 반값을 내고 버스를 타려고 하면 버스 운전사가 왜 요금을 반만 내냐고 했다고 한다. 그러면 이재명은 자신도 모르게 "나 학생인데요." 했다고 한다. 그러면 버스 기사는 "교복도 안 입었는데 무슨 학생이냐? 얼른 요금다 내라." 이랬다고 한다. 그러면 이재명은 "교복을 입어야만 학생이냐?"며 싸운 적도 있다고 한다. 교복은 이재명이 마땅히 또 래들과 함께 누려야 했던 청소년기의 상징이었다. 대학생이 되어 그는 또래들과 학교에서 다시 만났다. 하지만 그는 교복을 너무 나 입고 싶었다.

입학식을 앞두고 그가 가장 먼저 한 일은 입학식에 입을 교복 을 맞추는 일이었다.

대학생의 교복은 일제강점기 때부터 박정희 정권이 끝날 때까 지도 입었다. 하지만 대학생 교복은 박정희 정권 말기까지만 하 더라도 입학식이나 졸업식에 겨우 한 번 정도 입는 정도였다. 그 나마 강제 상황도 아니어서 교복을 입는 학생은 그리 많지 않았 다. 전두환 군사정권 하에서 중고등학교 교복 자율화가 되면서 더이상 교복을 입는 대학생은 존재하지 않았다. 아무도 입지 않 는 대학 교복을 맞추기 위하여 이재명은 종로2가에 가서 어렵게 교복을 맞추었고, 입학식에 혼자 교복을 입고 나타났다. 학생 이 재명이 교복을 처음 입어보는 순간이었다.

이재명의 일기책 『나의 소년공 다이어리』에는 교복을 처음 받 아와서 집에서 입어본 순간을 기록한 것이 있다. "겨우 옷을 찾 아 가지고 수유리로 가려고 하니 종로2가에선 차가 없어서 한참 헤매고 다녔다. 집에 와서 교복을 입어보니 이수일 같아서 이상 했다."

대학생 새내기가 된 이재명은 정신없이 대학 생활을 했다. 열심히 공부해서 성공하겠다는 막연한 포부를 가슴에 품고 학업에 전념했다. 뭐 하나 특별할 게 없는 대학 생활이었다.

두어 달 지나 중앙대학교 캠퍼스에도 5월이 왔다. 그해 5월은 광주민주화운동이 있은 지 겨우 두 해밖에 지나지 않을 때였다. 1980년 5월 광주에서 전두환 군사 쿠데타에 저항하는 민주화 항쟁이 일어나고 있을 때 이재명은 소년 노동자로 고등학교 검정고시를 통과했을 때였다. 소년공 이재명은 TV에서 '광주사태'만 언급되면 욕지거리를 해댔다고 한다. "폭도" "빨갱이" "전라도 새끼들은 죽여야 한다."며 핏대를 높였다. 이재명은 이 얘기를 그의 책이건 강연에서 자주 한다. 대학생이 되기 전까지 밑바닥 소년공이었지만 전라도 출신보다는 우월한 경상도 출신이라는 우월감으로 살아왔던 비뚤어진 세계관에 대한 참회라고 했다.

대학생이 되고 처음으로 맞이하는 5월이 되자 낭만만이 존재했던 캠퍼스 곳곳에서 소란이 일어났다. 어떤 학생은 철조망에 매달려 광주의 참상을 담은 유인물을 뿌리다 전경에 의해 끌려가고, 또 어떤 학생은 중앙도서관 옥상에서 밧줄을 타고 내려오며 '광주학살 진상규명'의 구호를 외치고 유인물을 뿌리다 잡혀갔다. 그 당시에는 학교 내에 경찰이 상주하고 있던 시절이었다. 이재명은 자신이 그토록 욕했던 '광주사태'에 대해 저들이 왜 그러는지 의아해했다.

그런 그에게 자신이 알고 있던 '광주사태'에 대해 전혀 다른 충격적인 진실을 알려 준 친구가 있었으니 그가 이영진이다. 이영진은 광주학살의 실상을 담은 사진집과 비디오를 보여줬다. 아마 그 비디오가 훗날 송강호 주연의 〈택시 운전사〉에서 '광주사태'를 외부세계에 알린 독일 카메라 기자 '위르겐 힌츠페터'가 촬영한 비디오였을 것이다. 이 비디오는 1980년대 수많은 대학생이 보게 된다. 그리고 수많은 학생을 투사로 만들었다. 필자 역시 1989년 5월에 대학에서 처음 이 비디오를 보고 받은 충격이 지금도 선명하다.

친구 이영진은 이재명을 운동권으로 끌어들이기 위해 무던히 애를 썼다고 한다. 이재명은 노동자 출신으로 운동하기에 정말 딱 좋은 출신 환경이었다. 하지만 이재명은 이영진의 손길을 물리칠 수밖에 없었다.

이재명은 "사법고시에 합격하고 나면 판·검사가 되지 않고 변호사로서 시대에 봉사하겠다."라는 말을 했다고 한다. 지금의 이재명을 아는 사람이라면 당연히 운동권이 되고도 남았을 거로 생각할 것이다. 하지만 이재명은 일정 정도의 성적이 유지되어야만 장학금과 생활비를 보조받는 학생이었다. 운동권이 되면 성적이 유지될 수 없고, 장학금도 받을 수 없게 된다. 그렇게 되면 학생 신분도 유지하지 못한 채 다시 공장으로 가야만 하는 것이다. 이런 현실 때문에 운동권이 되지 못했다. 이영진은 이때 이재명의 말을 허투루 듣지 않았다고 한다. 이재명의 진심을 믿었다.

이영진은 대학 4학년 2학기 무렵에 구속되고 학교에서는 제적이 되었다. 운동권 간부가 걸어가야 할 숙명과도 같은 것이었다. 그리고 이재명은 사법고시에 합격했다. 나중에 이영진이 감옥에서 풀려나 집에 왔을 때 아버지 앞으로 온 이재명의 편지가 있었다고 한다. 그 편지에는 "영진이 친구로서 보증하는데 당신의 아들은 지극히 정의로운 사람이니 긍지를 가지셔도 된다."라는 내용이었다고 한다. 이재명은 이 편지에 대해서 기억이 없다고 하는데 이영진은 그렇게 증언하고 있다.

이후 이영진은 이재명이 변호사를 할 때는 사무장으로 일했으며, 성남시청, 경기도청에서도 보이지 않는 곳에서 늘 이재명과 함께하고 있다.

이재명에게 광주를 일깨워주고 비로소 광주를 만나게 해 준 이영진 덕분에 비록 운동권이 되지 못했지만, 광주는 늘 이재명의 가슴 속에 남아있었다.

이재명은 "5월 광주는 나의 사회의식을 비로소 단련시켰다. 광주를 만나지 못했다면 나는 한낱 개가 되고 말았을지도 모른다. 그러므로 광주는 나의 구원이었고 스승이었고 내 사회의식의 뿌리였다. 나를 바꿔 놓았다."라고 말한다.

연수원 시절에 만난
노무현, 조영래

이재명은 대학 들어갈 때는 사법고시라는 게 있는지도 몰랐다고 한다. 그런데 대학에 들어가 보니 고시에 관한 이야기를 선배들이 많이 했다. 시험 보는 것만큼은 자신이 있었다. 그때 이재명은 이미 장애인이었고, 장애인은 취업하기도 어려웠던 것이 현실이었다.

대학 3학년 때 본격적으로 사법시험을 준비하기 위하여 전남 구례에 있는 화엄사 금정암에서 공부했으며, 4학년 때는 경북 김천 청암사에서 공부했다. 이재명의 공부 기법은 통째로 외우는 것이었다. 이재명은 그때부터 쟁점을 파악하는 능력이 남달랐다. 이재명이 사시 공부를 하게 된 배경은 "고시 공부만이 살길이었다."라고 말했다.

3학년 때 사시 1차에 합격했는데 4학년 때 2차에 떨어지고 이 듬해인 1986년 사법시험(28회, 연수원 18기)에 합격했다. 사시 동기로 정성호(현 더불어민주당 의원)가 있는데 연수원 시절 시국 토론을 많이 했다고 한다.

당시 사법연수원에는 비공식 기수 모임이 있었다. 회원들끼리 정기적으로 모여서 시국 관련 토론을 했으며, 사회변혁의 방안을 토론했다. 이재명은 사법연수원 시절을 그의 저서 『이재명은 합니다』에서 다음과 같이 얘기하고 있다.

나는 자연스럽게 그 모임에 참여했다. 초등학교 졸업 후 공장 노동자로 일하며 수많은 불이익을 당해본 나로서는 당연한 선택이기도 했다. 어릴 때는 아무것도 모르고 그저 공장 간부나 고참에게 속수무책으로 당할 수밖에 없었지만, 이제 내가 겪었던 현실의 문제점들을 하나하나 파고들 수 있게 된 것이다. 써클 활동은 내가 사회에 대해 눈을 뜰 수 있는 소중한 계기가 되었다. 그때는 사법연수원 연수생 중 절반 이상이 데모에 참여할 만큼 민주화 열기가 뜨거웠다. 나는 1987년 6월 항쟁 때 써클 동지들과 함께 시청과 광화문 광장을 뛰어다니며 목청껏 민주주의를 외쳤고, 광주 5.18 묘역에 찾아가 참배하기도 했다. 그때만 해도 5.18 묘역으로 가는 길은 비포장도로라 몹시 불편한 데다 막상 현장에 가 보니 비석조차 없는 무덤도 많았다. 거의 공동묘지 수준으로 방치되다시피 한 무덤들을 바라보는 내내 눈물이 볼을 타고 흘러내렸다. 부끄럽고 미안하고 참담했다. 가슴 밑바닥에서부터 또다시 뜨거운 분노가 치밀어 올랐다.

그 무렵 사법연수원에 '노동법 학회', '기본권 학회' 등이 만들어졌는데 이재명은 '노동법 학회'에 들어가 활동을 했다.

어느 날 부산에서 꽤 이름난 인권변호사로 활동하고 있는 분의 초청 강연이 있었다. 생생한 체험담을 젊은 후배들에게 들려주었다. 이재명을 포함하며 수많은 연수생은 강연 내내 가슴이 뜨거워지는 것을 느꼈다고 한다. 그 변호사가 바로 노무현이었다.

그 강연을 듣고 이재명은 결심했다.

"나도 저분처럼 인권변호사가 되리라."

이재명뿐만 아니라 학회를 함께 했던 동기들도 각자 지방으로 내려가 지방자치단체의 풀뿌리 민주주의를 위해 헌신하자고 뜻을 모았다.

연수원 시절 변호사 실습을 앞두고 이재명이 선택한 곳은 『전태일 평전』의 저자로 유명한 조영래 변호사 사무실이었다. 조영래 변호사 사무실에서 보낸 3개월 동안 많은 것을 배웠지만, 그중에서도 가장 중요한 깨달음은 조영래 변호사의 이 말이었다.

"진실은 반드시 승리한다네."

인권변호사들의 재산은 이 믿음 하나라고 봐야 한다.

연수원을 마치고 이재명은 성남으로 내려가서 변호사 사무실을 냈다. 그리고 광주의 아픔과 민주주의를 위하여 싸우다 제적당한 친구 이영진을 불러 사무장에 앉혔다. 이영진에게 자신이한 말에 약속을 지켜가는 그 출발이기도 했다.

05

왜 성남에서
인권운동을 시작했는가?

이재명이 변호사가 되고 성남으로 내려간 이유는 성남은 이재명이 초등학교를 졸업하고 처음으로 사회생활을 한 곳이라는 것이 제일 컸다. 그리고 성남시는 인권운동을 하기에 알맞은 환경을 갖고 있었다. 그만큼 인권이 많이 유린당하는 곳이란 뜻이다.

1994년 무렵 서울에서 참여연대가 결성되었다. 성남시에서도 '성남시민모임'이라는 단체가 만들어졌고, 이후 '성남참여연대'로 명칭을 바꿨다.

이재명의 저서 『이재명은 합니다』에는 이재명이 왜 성남으로 내려갔는지, 이재명이 바라본 성남은 어떠했는지에 대해 기술되어 있다.

성남시에는 다른 도시들보다 많은 다섯 가지가 있었다.

첫째, 십자가가 많았다. 가난한 사람들이 사는 동네이다 보니 곳곳에 개척교회가 들어서서 밤에 언덕 위에서 보면 십자가들이 별처럼 빛났다.

둘째, 복덕방(부동산중개소)이 많았다. 도시를 건설할 때 철거민들에게 준 분양권을 당장 먹고 살기 힘든 철거민들이 사고파는 일이 많았고 그 분양권 매매 때문에 동네마다 부동산 업자들이 너도나도 사무실을 차린 것이다.

셋째, 포장마차가 많았다. 대부분 주민이 가난한 사람이었고, 특히 노동자가 많다 보니 그들이 자주 이용하는 포장마차가 속속 생겨났다. 또 마땅한 직업을 찾기 어려운 서민들이 적은 돈으로도 손쉽게 차릴 수 있는 사업이 포장마차였다.

넷째, 강력범죄가 자주 발생했다. 힘에 겨운 사람들이 모여 살다 보니 다툼이 많았고 사고도 많았다.

다섯째, 철거민 지역 특성상 숨기가 쉽다 보니 전국의 범죄자들이 몰려들었고 당연히 검거율도 높을 수밖에 없었다.

이 외에도 성남시는 경기 동부지역 운동권이 집결하는 곳이기도 했다.

이재명에 의하면 성남시에서 인권운동을 할 때에는 경찰들이 법을 더 자주 어겼다고 했다. 변호사 신분증을 내밀어도 접견을 허가해주지 않는 경우가 수두룩했다. 이재명은 그럴 때마다 이렇게 생각했다고 한다.

"나는 민주주의 교과서가 바로 성남시 현장에 있다고 생각했다. 당장은 악조건투성이였지만, 긍정적으로 생각하면 그만큼 배우고 경험할 것들이 많은 것이기도 했다."

1980년대까지만 해도 사회운동은 주로 이른바 운동권들이 담당했다. 학생운동과 노동운동이 그 중심에 있었다. 학생운동이 분단과 자본주의 모순을 극복하고자 하는 거시적인 운동이었다면, 노동운동은 자본의 횡포로 인한 계급 간 갈등을 극복하기 위한 미시적인 운동이었다. 당연히 이런 운동을 하다가 수배 구속되는 사람들이 속출했고, 이들에게 법률지원을 하는 민변 같은 인권변호사들이 등장했다.

1990년대 시민운동은 운동권의 시각에서 벗어나서 정치권력, 언론권력, 자본권력의 횡포에 맞서 그들을 감시하고 시민의 권리를 증진시키는 데 중점을 두었다.

이재명은 이미 사법연수원 시절부터 석탑노동상담소와 함께 노동 활동을 벌였기에 성남에서 인권변호사이자 시민운동가가 되는 것은 당연한 수순이었다.

성남지역은 당시 전국에서 가장 활발한 노동운동이 전개되었고, 그 과정에서 구속자 해고자가 속출했다. 성남시 신흥1동 시청 앞에 연수원 동기와 함께 사무실을 낸 이재명은 노동운동 전담 변호사가 되다시피 했다.

또한, 당시 전국적으로 번지던 학원자주화투쟁도 경원대(현 가천대), 한국외국어대, 경희대 등에서 활발히 일어났고 수많은 학생이 구속될 때 그들의 변호를 홀로 맡다시피 했다.

이후 이때 인연을 맺었던 사람들과 함께 수도권 남부 저유소 반대투쟁, 쓰레기 소각장 반대운동, 시 의정 감시활동, 교육활동, 시 집행부에 대한 판공비 공개운동 등을 이끌었다.

이재명을 시민운동가로서의 존재감을 드러나게 한 것이 2002년 '파크뷰 특혜분양 의혹 제기'였다.

06

파크뷰
특혜분양사건의 전말

시민운동가 이재명의 명성을 세상에 알린 사건이기도 했으며, 이재명에게 전과 기록을 안겨 준 사건이며, 이후에는 선거법 위반 혐의로 2심 유죄를 받아 지사직을 잃을 뻔했던 사건이 2002년 있었던 사건이었다.

일단 검사 사칭 사건에 대한 이재명의 설명이 있는데 김용민의 책『마이너리티 이재명』에 나온 부분을 인용해보겠다.

당시 파크뷰 특혜분양사건으로 KBS PD가 변호사 사무실로 찾아와 나를 인터뷰하고 있었다. 때마침 김병량 당시 성남시장으로부터 휴대전화로 전화가 오자 PD가 '담당 검사이다. 도와줄 테니 사실대로 말하라.'고 유인해 녹음한 뒤 〈추적 60분〉

에 보도했다. 며칠 뒤 내가 PD로부터 녹음파일을 제공받아 기자회견에서 공개하자 당황한 김 시장이 나를 배후로 지목해 고소했다. 검찰은 내 인터뷰와 검사 사칭 전화를 묶어 '이재명이 PD에게 검사 이름과 질문사항을 알려주고 검사 사칭 전화를 도왔다.'며 검사 사칭 방조라고 누명을 씌웠다.

이 사건으로 이재명은 최 PD의 공범으로 기소돼 1심, 2심 모두 벌금형을 받았다. 이재명은 재판 기간 중 자신의 무죄를 주장했으나 받아들여지지 않았다. 이재명은 대법원 상고까지는 가지 않았다.

이재명은 여전히 법원의 판단이 잘못되었다고 생각하고 있다. 그런데 경기도지사 선거 TV 토론에서 김영환 후보의 질문에 "검사 사칭하라고 한 적이 없다." 이 말을 했다고 해서 공직선거법상 허위사실 유포혐의로 1심에서 무죄 2심에서 벌금 300만 원을 받았다. 이후 대법원에서 무죄 취지로 파기 환송되어 2심에서 무죄 확정이 되었다.

그렇다면 문제의 파크뷰 특혜분양사건은 무엇이었나? 네이버 블로거 다다익선(jido1125)이 정리한 내용을 소개한다.

2002년의 어느 날. 김은성 국정원 당시 차관은 민주당의 김옥두 의원이 경기도 성남시 분당구의 주상복합아파트였던 정자동 파크뷰의 불법 분양을 받았다고 폭로했다. 더불어 김대중 대통령의 처남이었던 윤홍렬이 사전 분양을 받았다는 사실 역시 밝혔다. 곧바로 동아일보의 취재팀이 분당구 불법 분양 사건을 취재하기 시작했으며, 민변 역시 빠른 속도로 사건에 대응하였다.

사건의 시작은 2000년 5월에 있었다. 성남시는 기존에 상업지 용도로 되어있었던 정자동의 부지를 주거지로 바꾸면서 그 지역에 고가의 주상복합아파트를 건설한다고 발표했다. 분당 신도시 입주 10년 차에 접어들던 당시 현재의 정자1동 지역에 수십여 채의 주상복합 아파트가 지어졌기 때문에 이는 당연한 것으로도 여겨졌다. 2001년 6월 경기도에서는 해당 부지에 법에 규정한 것보다 더 많은 사람이 수용될 수 있도록 허용하였고 이에 미심쩍음을 느낀 한 기자가 취재한 결과, 2000년 5월 당시 성남시가 정자동 부지를 상업지에서 주거지로 바꿀 때 근거로 사용된 여론조사 결과가 조작되었다는 사실이 드러났다. 여기에 2002년의 어느 날 김은성 차관이 김옥두와 윤홍렬이 연루되어있다는 사실을 폭로하면서 사건이 커지게 된 것이었다.

불법 분양을 받은 세대는 총 351세대로 추산되었다. 이들은 정자동 파크뷰에서 입찰을 받지 않고 사전에 분양받았다는 의혹을 받고 있었다. 동아일보에서는 해당 사건을 취재하던 도

중, 청계천 복개 사업을 주도했던 서울시의 한 고위공직자가 사전 분양을 받았다는 사실을 밝혀냈다. 이는 김옥두 의원과 윤홍렬의 개인적인 일탈이 아닌, 공권력이 어느 정도 개입되어있었다는 것을 뜻했다. 동아일보의 취재 결과, 청계천 복원 본부장이었던 서울시 고위공직자 양윤재 씨는 정자동 파크뷰의 시공을 맡은 에이치원건설의 홍원표 회장에게 48평형 아파트를 약속받은 것으로 드러났다. 양원재 본부장의 입김이 강하게 불었던 한 대학교 연구원에서는 용적률 356%로 지어도 문제가 없다는 의견을 경기도에 제출했으며, 이는 300% 이상의 아파트는 지어져서는 안 된다는 경기도청 측의 입장과는 상반된 것이었다. 연구원의 의견을 토대로 경기도와 성남시는 파크뷰 증축을 허용했고, 이에 대한 보답으로 양윤재 위원장이 불법 분양을 받은 것은 당연해 보였다.

경찰에서는 즉각 에이치원건설 측의 수사에 들어갔다. 양윤재 위원장 역시 경찰 조사를 받았다. 수사 도중에 또 다른 사실이 밝혀지는데, 김병량 성남시장이 이 사건에 연루되었다는 것이었다. 김병량 시장이 파크뷰 증축을 허가해주는 대신 에이치원 측으로부터 돈을 받았다는 의혹이 한 언론에 의해 제기되었다. 양윤재-에이치원 유착이 단순한 심증이었다면 김병량-에이치원의 유착은 너무나도 지당한 사실처럼 느껴져 보였다. 그러나 경찰 측에서는 결정적인 증거를 찾는 데 실패했으며, 이에 수사는 미궁에 빠졌다.

파크뷰 사건에 종지를 찍은 것은, 예상치 못한 세력에서 나왔다. 민변 측에서는 경찰과는 별개로 수사를 진행하고 있었는데, 의외로 결정적인 증거가 나오면서 김병량 시장이 구속된 것이다.

당시 파크뷰 특혜분양사건으로 KBS PD가 변호사 사무실로 찾아와 이재명을 인터뷰하고 있었다. 때마침 김병량 당시 성남시장으로부터 휴대전화로 전화가 오자 PD가 '담당 검사이다. 도와줄 테니 사실대로 말하라.'고 유인해 녹음한 뒤 〈추적 60분〉에 보도했다.

이 통화에서 김병량 시장은 에이치원 건설사 측으로부터 검은돈과 선거 지원, 그리고 아파트 한 채를 받는 대신 에이치원 건설사의 불법 행위를 눈감아주기로 했다는 사실을 인정했다. 또 경찰들이 에이치원건설사 회장인 홍원표 회장과 폭탄주를 말고 골프를 쳤다는 사실까지 증언했다. 이 녹취록이 공개되자 김병량 시장은 검사 사칭에 사기죄라면서 이재명 변호사를 고소하였고, 이재명 변호사는 협박죄라면서 김병량 시장을 맞고소하였다.

경찰 측에서는 이재명 변호사 측에 문제가 없는 것은 아니지만 참작하여 김병량 시장을 더 먼저 구속하기로 했다. 이는 김병량 시장이 경찰-에이치원 유착 관계를 증언한 것에 대한

패씸죄와, 이로 인한 경찰의 신뢰도 하락이 영향을 미친 것이었다. 지방선거를 코앞에 두고 있었던 김병량 시장은 상대였던 이대엽 한나라당 후보를 큰 격차로 앞서나가고 있었지만, 이 여파로 인해 이대엽 시장에게 완패하고 선거가 끝나자마자 경찰의 수사를 피해 도주했다가 체포되는 불명예를 안게 되었다.

그렇게 양윤재 위원장과 김병량 시장이 구속되면서 사건은 종결되었고, 사건을 밝혀낸 이재명 변호사는 시민들의 환호를 받았다. 성남시의 부패 사실이 모조리 드러나 버린지라 이대엽 시장은 곧바로 부패 척결을 1순위 공약으로 내세웠다. 그러나 이대엽 시장은 오히려 더 부패한 시정을 이끌면서 성남시를 파산 위기로 내몰았고, 이에 자극을 받은 이재명 변호사는 열린우리당에 입당하여 성남시장으로 출마를 선언하였다.

07

성남시의료원
설립운동

2013년 홍준표 경남지사는 "불어나는 적자를 감당할 수 없다."라며 진주의료원을 강제 폐업시켰다. 경상남도는 진주의료원 시설을 리모델링 해서 2015년 12월 17일 홍준표의 선거공약이기도 했던 경남도청 서부 청사를 이곳에 설치했다.

홍준표는 진주의료원이 계속 적자인데도 의료원 직원들이 시위나 하고 있다면서 폐업을 한 것이다.

이런 일이 10년 전 성남시에서도 있었다. 2003년 말 성남시 수정구에 있는 성남병원과 중원구에 있는 인하병원이 폐업했다. 종합병원 두 곳이 한꺼번에 문을 닫게 되면서 성남시 시민들의 의료 공백이 우려되었다.

이재명은 성남시민들의 의료 공백을 줄이는 것은 물론, 보다 나은 의료 공공 서비스를 위하여 시립병원 설립운동을 주도하며 성남시민 10만 서명운동에 돌입했다.

서명받기가 쉽지 않았다고 한다. 어렵게 받아낸 서명을 바탕으로 대한민국 최초로 '성남시립의료원 설립 및 운영에 관한 조례'를 발의했다.

그러나 2004년 3월 25일, 새누리당이 장악하고 있던 성남시의회는 이 조례를 토론도 없이 개회 47초 만에 부결시켰다. 이재명을 비롯한 서명운동에 참여했던 회원들이 성남시의회 의장과 의원들에게 강력하게 항의했으나, 그들은 회의장을 빠져나가 각자 도망쳐버렸다.

방청석에 있던 회원들은 시의회 회의장을 점거하고 항의농성에 들어갔다. 서명을 받기 위해 발에 물집이 잡히도록 뛰어다니던 그 노력이 단 47초 만에 물거품처럼 사라지고 말았으니 허탈하고 분한 마음에 이재명과 회원들은 눈물을 흘리고 울음을 터뜨렸다.

더군다나 시의회는 이재명을 특수공무집행방해죄로 고발해서 농성을 해산하고도 집에 갈 수 없었다. 이재명은 이해학 목사가 있는 주민교회 건물 지하에 피신했다.

이날 성남시립의료원 설립운동을 함께하던 보건의료노조 부위원장 정혜선이 초밥을 사서 찾아왔다. 목이 메어 넘어가지 않는 초밥을 입에 넣다가 내려놓으면서 이재명이 말했다.

"이대로 주저앉으면 세상은 변하지 않습니다. 우리가 세상을 바꾸는 방법밖에 없어요."

정혜선이 말했다.

"어떻게 세상을 바꾸죠?"

다시 이재명이 말했다.

"우리가 성남시 정치 권력을 장악하는 겁니다. 세상을 바꾸고, 시의회 의원들을 바꿔야지요. 세상이 변하지 않으면 내가 세상을 바꿔야죠."

이 순간이 바로 이재명이 정치를 하기로 결심한 날이었다.

연수원 시절 안동지청에서 검사보로 일할 때 인연이 되었던 이동근 지청장이 무료변론을 자청하고 나섰는데, 그분 덕에 특수공무집행방해죄는 벌금 500만 원을 내는 것으로 이재명은 변호사 자격을 유지할 수 있게 되었다.

이재명은 "성남시의료원은 나에게 '세 번의 눈물'을 흘리게 했다."고 말했다. 2004년 3월 25일, 47초 만에 날치기 부결되었을 때, 주민교회 지하실에서 정치에 뛰어들기로 결심한 날, 그리고 10년이 지난 2013년 11월 14일 성남시장 자격으로 성남시의료원 착공 발파 버튼을 누르던 날이라고 한다.

이재명은 첫 번째 성남시장 도전에서는 낙선했지만, 다음 선거에서 당선이 되어 정치에 입문하게 된 뒤 성남시의료원을 짓겠다는 약속을 지켰다.

성남시의료원 설립운동이 수포가 되면서 이재명은 현실 정치에 뛰어들기로 결심했다.

2006년 열린우리당에 입당해서 성남시장에 출마했으나 낙선했다. 이후 대선을 앞두고 정동영 대통령 후보 비서실장으로 활동하다가 총선에서 성남시 분당갑구에 출마했지만, 또다시 낙선했다. 민주당 내 이재명을 비판하는 세력들은 이재명이 정동영계라고 하면서 민주당 정체성에 맞지 않는 인물이라고 하는데, 이는 정동영은 민주당의 대통령 후보로 인정할 수 없다는 말과도 같다. 정동영은 민주당의 민주적인 절차에 의해서 선출된 민주당의 후보였다. 그 당시는 정동영 외에는 대안도 없었고, 누가 나왔어도 선거는 질 수밖에 없었다. 덕분에 이재명은 지금도 이재명계라고 할 수 있는 국회의원이 거의 없다.

2010년 지방선거에서 민선 5기 성남시장에 당선되고 재선에도 성공했다. 이재명이 2010년 성남시장에 당선되고 나서 제일 먼저 한 일은 시장 직무실을 9층에서 2층으로 옮기는 것이었다. 9층은 전망도 좋고 시장실 전용 엘리베이터까지 별도로 설치되어 완전 철옹성이었다. 관할하는 중원경찰서장도 시장실이 점거라도 당하게 된다면 직위 해제된다면서 애걸복걸하다시피 하며 반대했다.

이재명은 "절대 점거 안 당한다. 만약 점거하려는 사람이 있다면 내가 자리 펴 주고 이불 내주면서 동의해 주겠다. 승낙하면 점거가 아니니 걱정하지 마라."며 안심시켰다.

그리고 2층으로 옮기자 정말 점거되는 일이 벌어졌다. 하지만 그들의 요구는 법률적으로 가능한 일이 아니었다. 이재명은 그들에게 "법률상 불가능합니다. 안 됩니다." 했지만 그들의 점거 농성을 막지는 않았다.

점거 농성을 하겠다는 그들에게 이재명은 "제가 매직 갖다 드리고 종이도 갖다 드릴 테니, 대자보 같은 거 쓰면서 밤새 계십시오." 하면서 시장실 열쇠를 주고 나왔다. 직원들도 모두 퇴근했다. 막상 농성하겠던 사람들은 10시쯤 농성을 풀고 집으로 다 돌아갔다.

이재명은 성남시장이었을 때나 경기도 지사가 되었을 때나 민원이 들어오면 되는 것은 전광석화처럼 빠르게 해결하고, 법으로 안되는 것은 그 자리에서 바로 안 된다고 말했다. 다른 정치인들처럼 '한번 검토해보겠다'라며 민원인들에게 희망고문을 주지 않았다. 이런 이재명의 방식으로 인해 이재명은 추진력이 있다는 말이 나왔다.

시장실을 9층에서 2층으로 옮긴 것만이 아니었다. 시장실을 언제나 개방했다. 시민들이 아무런 절차 없이 불쑥 들어와서 이것저것 물어볼 수도 있고, 원한다면 시장실 안에서 함께 사진도 찍을 수 있었다. '시장실은 언제나 개방되어 있습니다.' 이렇게 크게 글씨를 써 놓아도 처음에는 사람들이 믿지를 않았다. 정치에 대한 불신이 그만큼 강했다.

하지만 어른들은 믿지 않았어도 어린이들은 믿었다. 언제든지 불쑥불쑥 들어오고, 같이 온 엄마를 졸라서 들어오곤 했다. 이재명은 "어른들이야 좀 쑥스럽고, 체면도 차리고 하겠지만, 아이들은 순수하고 호기심도 많다. 세상에 크게 속아 본 경험이 없어 그럴 수도 있겠구나." 하고 생각했다.

이재명이 시장실을 개방한 이유는 열린 시정, 시민과 함께 호흡하는 시장이 되고 싶어서였다. 이후 시장실은 하루에 대략 열 팀 정도가 방문했다. 손님들이 올 때마다 선물을 줬다고 하는데 그것은 개인 메일이 적힌 시장 명함이었다. 언제든지 궁금한 점이나 바라는 사항이 있으면 메일을 보내라는 의미였다. 어떤 때는 아이들 두세 팀이 동시에 우르르 밀려올 때도 있었다. 어른들만 받는 줄 알았던 명함을 받고는 엄청나게 좋아했다.

이재명은 시장실을 찾은 아이들과 얘기하는 것을 좋아했다.

"성남의 주인은 누구지?" 이렇게 이재명이 물으면 아이들은 잠시 고민했다가 제각각 답을 한다. "시장님이요.", "시민이요.", "우리요." 이렇게 답을 한다. 아이들은 언제나 옳다.

시장실에 찾아와서 성남시가, 그리고 성남시청의 주인이 성남 시민이라는 생각을 다시 하게 된다는 것만으로도 민주시민으로 성장하는데 좋은 추억이 될 것이라고 이재명은 믿었다.

09

성남시
모라토리엄

이재명이 성남시장에 취임하고 제일 먼저 맞닥뜨린 것은 성남시의 재정이었다. 전임 시장의 방만한 운영으로 인하여 성남시의 재정은 그야말로 최악으로 치닫고 있었다. 전임 시장은 시의 일반회계 재원이 부족해지자, 판교신도시 개발과 관련되어 편성된 판교특별회계에서 5,400억 원을 빌려와 판교개발과 아무 관련이 없는 사업에 사용했다. 여기에 신청사 건립비 잔금 632억 원, 판교 구청사 부지 잔금 520억 등을 포함하여 총 7,285억 원의 비공식 빚을 지고 있었다. 이 부채를 해결하지 않는다면 성남시는 정상적인 사업을 할 수 없게 되었다.

이재명은 이러한 재정 위기상황에서 은폐한 부채를 일거에 처리하는 것은 불가능하다고 판단했다. 그래서 빚 갚는 것을 일시에 유예하면서 연차적으로 나눠 갚겠다고 선언했다. 이것이 바로 성남시 모라토리엄 선언이다.

우리나라 지방정부로서는 처음으로 모라토리엄을 선언한 것이다. 모라토리엄(Moratorium)이란 보통 외채를 지급할 수 없는 상황을 맞은 국가가 상환 의사는 있지만, 일시적으로 채무 상환을 연기하는 행위를 말한다.

이재명이 성남시의 모라토리엄을 선언하자 많은 사람이 놀랐다. 이를 계기로 성남시민들이 성남시의 정책에 더 많은 관심을 갖게 하는 계기를 만들었다.

모라토리엄 선언 당시 빚 7,285억 원을 3년 6개월 동안 순수하게 4,572억 원을 현금으로 갚았고, 나머지는 회계 내 자산매각, 채무존치 등을 통해 정리하였다.

구체적으로 살펴보면 현금으로 5,731억 원을 갚았는데, 이 중 지방채 증가분 1,159억 원을 빼면 순수하게 갚은 빚이 4,572억 원이다. 미편성 의무금 1,885억 원은 예산삭감과 초긴축 재정운영으로 2010년 1,365억 원, 2013년 520억 원을 정리했다.

모든 사업을 유지하면서 빚을 갚는 것은 불가능했다. 그래서 긴축과 기존사업의 축소, 조정 및 연기를 통해 마련했다. 일부는 지방채 발행과 자산매각도 진행했다.

기존의 투자 사업은 원점에서 재검토하고, 집행 시기와 규모를 조정하고, 건설공사 일상감사, 독감예방접종을 직역으로 전환하고, 전시성 예산을 축소하고, 보도블록 재활용 등 세출예산 절감 노력을 강력하게 추진했다. 여기에 체납세 징수를 강화해서 세입 확대 노력도 아끼지 않았다.

그렇다면 이렇게 빚을 갚는 동안 성남시는 꼭 필요한 사업조차 진행하지 못했을 것이라는 의문이 당연히 생긴다. 성남시는 매년 평균 1,500억 원의 부채를 청산하면서도 해야 할 일은 절대 놓치지 않았다. 오히려 그늘진 곳의 서민들에게 쓰는 복지예산은 일반회계 비중이 26%에서 36%로 총액으로 보면 2,000억 원이 늘었다.

이런 어려운 상황에서 성남시는 예상보다 빨리 빚을 갚아 재정 건전화를 이루어냈다. 이러한 노력과 성공은 칭찬받아 마땅하지만, 이재명을 공격하는 자들은 "당시 성남시가 정말 모라토리엄을 선언할 상황이었는가?"라며 비난하고 있다. 전임 시장의 업적을 평가절하하기 위한 불순한 의도로 모라토리엄을 선언했다는 것이다. 하지만 2013년 1월에 발간된 감사원 〈지방행정 감사백서〉에서 당시 성남시의 위험성과 그 원인을 정확히 지적하고 있는 것을 보면 모라토리엄 선언의 정당성이 입증된다.

이재명은 모라토리엄 졸업이라는 성과를 낼 수 있었던 것은 시민들의 이해와 협력이었다고 말한다. "재정을 축소하고 긴축하고 예산을 삭감하는 것은 결국 시민들 삶에 손해를 끼친다. 그러나 시민들은 '삭감하지 마라.', '다른 데 삭감하고 내 것은 놔둬라.' 이런 항의 없이 예산의 대규모 삭감, 사업의 축소·연기·취소를 이해해 주었다. 어떤 압박이나 항의를 받지 않고서 시가 계획한 대로 재무구조 조정을 해나갈 수 있었다. 위대한 시민들이다."

성남시는 지금 재정자립도, 기업활동, 복지수준, 문화척도 등 모든 분야에서 전국 1위 도시가 되어있다. 지금 성남시의 이런 성과가 모두 이재명의 공이 될 수는 없겠지만 성남의 많은 시민은 성남이 이렇게 자랑스러운 도시가 된 데에는 8년 동안 성남시를 이끌었던 이재명의 공이 크다고 입을 모은다.

10

성남시
무상교복

이재명이 시작하면 대한민국 표준이 된다. 그만큼 이재명은 주민에게 필요한 정책을 개발하고, 개발한 정책은 즉시 시행되고, 시행된 정책은 주민들의 전폭적인 지지를 받고, 주민들의 전폭적인 지지를 받다 보니 이웃 지자체를 넘어, 전국의 지자체들이 이재명의 정책을 받아들이는 것이 많다.

때로 이재명은 다른 지자체에서 시행한 것 중에 주민의 호응도가 높은 것은 과감하게 받아들이고 더욱 발전시킨다. 다른 곳에서 먼저 시작했다 하더라도 이재명이 수용하고 시작하면, 어느새 그것은 이재명의 브랜드가 된다.

2015년 8월 4일 이재명이 이끄는 성남시는 "성남시 중 · 고등학교 신입생에게 무상으로 교복을 지원하는 내용의 무상교복 전면지원 사업을 추진하겠다."고 발표하고 박근혜 정부 복지부에 협의를 요청했다. 이는 지자체가 사회보장제도를 신설·변경할 때 복지부 장관과 협의하도록 규정한 사회보장기본법의 '지자체 사회보장제도 신설·변경 협의제도'에 따른 것이다.

성남시는 그해 9월 관련 조례가 성남시 의회를 통과함에 따라 이미 2016년 예산에 중고등학교 신입생을 지원하기 위한 27억 원을 편성했다. 하지만 박근혜 정부는 성남시의 '무상교복 전면 지원 사업'에 대해서 제동을 걸었다.

보건복지부는 "성남시의 무상교복 전면지원 사업에 대한 검토 결과 '변경·보완 뒤 재협의'를 통보했다며 '변경·보완 뒤 재협의'는 해당 사업을 그대로 수용할 수 없으며, 내용을 바꾸거나 보완해 다시 협의하자는 뜻이다. 복지부는 '전체 중학생에 대한 전면 무상지원보다는 소득 기준 등을 마련해 차등 지원하라.'"고 성남시에 통보했다.

이재명의 정책은 성남시장 시절부터 선별지원이 아닌 보편적 지원에 방점을 찍고 있다. 특히 무상교복 정책에 애착을 갖는 것은 이재명이 어려운 가정형편으로 인해 중·고등학교를 다녀야 할 나이에 공장에 다녀야 했던 청소년 시절의 아픈 기억이 오버랩되었을 수도 있다고 생각한다.

2015년에도 이미 중학교는 의무교육에 따른 무상교육이 실행되고 있었던 때였다. 무상교육의 범위가 어디까지인가 정하는 문제는 지금도 논란의 대상이 되고 있다.

의무교육 무상교육을 가장 소극적으로 집행하는 방식은 '교과서와 등록금'만 면제해 주는 방식이 될 것이다. 적극적으로 집행하는 방식은 학업을 유지하기 위하여 필수적인 모든 분야에서 지원하는 것이 타당하다고 보는 것이다. 등교하고 하교할 때까지의 모든 비용을 국가 또는 지자체가 부담하는 것이 진정한 의무교육이라고 생각하는 것이 이재명의 생각이다.

각 학교가 교복을 정해서 강제로 입히고 있는 것이 현실인데 교복을 지원해주지 않는 것은 문제가 있다. 교복뿐만 아니라 급식비 역시 지원해주는 것이 지극히 정상적이다.

박근혜 정부가 성남시의 무상교복에 반대하고 나선 것은 보편적 지원에 제동을 걸려고 한 것이다. 보편적 지급이 정의로운 것이냐? 선별지급이 정의로운 것이냐는 이때부터 대한민국의 많은 부분에서 문제를 일으켰다. 덕분에 논의도 활발했다.

2011년 8월 24일 서울시에서는 오세훈 시장이 초등학교 무상급식을 시작하겠다는 서울시의회의 '서울특별시 무상급식 조례안'에 대하여 삼성의 이재용 자식들에게도 무상급식을 해 줘야 하냐면서 무상급식에 반대하면서 자신의 시장직을 걸고 주민투표를 시행했을 정도였다. 이후 민주당은 보편적 지원에 방점을 찍는 듯했으나, 사안 별로 선별적 지원을 하는 정책을 써왔고 그때마다 이재명과 다른 시각을 보여왔다.

성남시는 보건복지부의 제동에도 불구하고 중학교 신입생에 대한 무상교복 정책을 시행한다고 발표했다. 이재명은 2016년 1월 4일 신년 연두기자회견에서 "복지부의 부당한 불수용처분과 대통령의 위법한 지방교부세법 시행령에 대해 헌법재판소에 권한쟁의심판을 청구했지만, 그 결과를 기다리기엔 너무 시간이 없다."며 "어떤 것이 100만 성남시민의 이익, 성남시의 지방자치 그리고 대한민국 민주주의를 위하는 것인가를 고심했다."라고 밝혔다.

이어 "3대 무상복지정책은 금년부터 전면 시행한다."며 "재정 페널티에 대비하여 재정 페널티가 있는 2019년까지는 절반을 시행하고 절반은 재판 결과에 따라 페널티에 충당하거나 수혜자에게 지급하며, 재정 페널티가 없어지는 2020년부터는 100% 온전히 시행한다."고 밝혔다.

이렇게 해서 성남시의 무상교복 정책은 닻을 올렸다. 지금 성남시는 중학생을 넘어서 고등학생에게도 무상교복을 실시하고 있다. 무상교복은 현재 성남시뿐만 아니라 울산시, 당진시, 충북 교육청, 경기도 교육청 등 전국 곳곳에서 시행 중이다.

이재명이 처음 쏘아 올린 무상교복은 이제 곧 의무교육 일부분으로 전국적으로 실행하게 될 날이 머지않았다.

이재명이 시작하면 전국에서 하게 된다. 이것은 차차 과학이 되어가고 있다.

11

공공
산후조리원

　행정안전부가 발표한 주민등록 인구통계에 따르면 2020년 12월 31일 기준 우리나라 주민등록 인구는 모두 51,829,023명으로 전년도 말보다 20,838(0.04%)명이 감소했다. 이른바 인구 데드크로스(약세전환지표)가 발생한 것은 통계발표를 한 이후 처음이다.

　인구가 감소하게 된 원인은 여러 가지가 있으나, 필자가 생각하기에 가장 큰 정책적 실패는 40여 년 전 '아들딸 구별 말고 둘만 낳아 잘 기르자'며 인구 폭발로 인해 일자리가 줄어서 사회문제가 될 것처럼 호들갑 떨면서 산아제한을 하던 때부터 시작했다고 본다. 이후 '둘도 많다 하나만 낳아 잘 기르자'라는 표어까지 등장했다. 그 시절을 생각하면 대한민국의 인구절벽이 이렇게 빨리 올 줄은 상상도 못 했다.

해마다 신생아 수가 줄어드는 원인 중의 또 하나는 결혼 적령기가 해마다 늦어지는 것이다. 40년 전만 해도 남자는 20대 후반, 여자는 20대 중반이 되면 대부분 결혼을 했지만, 지금은 남자는 30대 후반, 여자는 30대 중반이 되어야 결혼하고 있다.

이렇게 결혼이 늦어지는 데는 몇 가지 심각한 요인이 있다. 첫번째는 치솟은 집값으로 인해 신혼의 주거환경을 마련하는 데 시간이 많이 소요된다. 해마다 집값이 치솟았으며, 전세가격도 덩달아 올랐다. 여기에 아이들을 키우는 데 들어가는 육아비용, 교육비용이 너무 많이 들어가고 있다. 그러다 보니 일찌감치 결혼을 포기하기도 하고, 결혼한다 해도 아이 낳는 일을 최대한 미루다가 결국에는 시기를 놓치는 부부도 많아지고 있다.

인구가 줄어든다는 것은 국가의 존립 자체를 위협하는 심각한 요인이다. 국가가 유지되기 위해서는 국민과 국토가 있어야 하는데 국민이 줄어들수록 국가의 위상도 그만큼 줄어들 수밖에 없다. 국민이 줄어들면 당연히 국가의 수입도 줄어들게 된다.

2020년 1인당 국민총소득(GNI)은 31,755달러로 한화로 환산하면 3,600만 원가량이 된다. 보통 대한민국의 국민이 80세 이상을 사는데 80년 동안 벌어들이는 수입은 평균 29억 원이다. 아이들이 태어나서 직업을 갖게 될 때까지 10억 원을 쓴다고 가정하면, 누구나 태어나기만 하면 국가는 19억 원의 수익효과가 있다는 말이다. 그런데 보통 경제적 자립할 때까지 부모들이 부담해야 할 비용이 7억 원 정도라고 한다. 물론 이 비용 중에서 가장 많이 차지하고 부모들이 가장 부담스러워하는 것은 각종 사교육이 포함된 교육비이다. 이렇게 생각한다 해도 7억 원은 누군가의 수입으로 잡힐 것이다. 하다못해 아이들이 경제적 자립을 이룰 때까지 국가가 부담한다고 해도 결국 국가가 더 이득이 될 것이다.

이재명은 자신이 할 수 있는 역할 내에서 할 수 있는 적극적인 정책을 펴는 것이 특징이다. 그가 성남시장을 넘어서 경기도 지사가 되고자 했던 것은 더 큰 역할을 할 수 있는 지위가 필요했기 때문이다. 그가 다시 경기도 지사를 넘어 대통령이 되고자 하는 것도 대한민국에서 가장 큰 역할을 할 수 있는 자리가 대통령이기 때문이다.

이재명은 성남시장이 되고 나서 출산장려정책으로 성남시장이 할 수 있는 정도의 권한이 '공공 산후조리원'이라고 생각했고 '무상교복' 정책과 더불어 시행했다.

2015년 3월 성남시는 그해 하반기를 시작으로 2018년까지 수정구와 중원구, 분당구 등 3개 구에 저소득층, 다자녀 가정 등 취약계층을 위해 무상으로 운영되는 공공 산후조리원을 설치 · 운영하겠다고 밝혔다. 또한, 성남시의 인증을 받은 민간 산후조리원을 이용하는 모든 산모에게는 1인당 50만 원 내외의 이용료를 지원하겠다고 했다.

하지만 복지부에서는 "성남시는 '핵가족화로 인한 가정 내 산후조리의 어려움'을 들고 있으나 이는 국가와 지자체가 이미 시행 중인 '산모 신생아 건강관리사 지원사업'의 대상자 확대를 통해 상당 부분 해결이 가능하다."라며 반대했다. 이재명의 정책에 대해서 '무상교복'에 이어 다시 '공공 산후조리원'도 반대한 것이다.

복지부의 반대 방침에 대해 이재명은 "성남시는 100만 시민과 함께 모라토리엄을 졸업하고 재정 건전화를 이뤄냈으며, 그 성과를 바탕으로 시민복지 확대를 위해, 그리고 저출산 극복이라는 정부방침에 따라 산후조리지원을 준비해 왔다."라며 "성남시가 이 사업을 위해 중앙정부에 예산지원을 요청한 것도 아니고, 빚을 내거나 세금을 더 걷지도 않는다. 오로지 주어진 예산을 아끼고 아껴 추진하는 일이다. 부정부패를 없애고 예산 낭비를 막고, 세금 철저히 걷어 만든 재원으로 시민복지를 위한 정부 시책사업을 하겠다는데 왜 막는 것이냐?"고 지적했다.

이재명은 "보건복지부는 성남시의 산후조리지원이 지역 형평성에 위배되거나 산모 간 불평등을 야기한다는 이유로 반대하나 이는 오로지 반대를 위한 반대일 뿐이며, 지방자치를 무시하는 초법적 발상"이라며 "'다른 곳에선 못하니 너희도 하지 말라'는 것은 지방자치 퇴보와 하향 평준화를 강요하는 것에 다름 아니다. 똑같이 해야 한다면 지방자치는 왜 하며 자치단체장은 왜 선출하냐?"고 꼬집었다.

그러면서 이재명은 "모든 산모에게 동일하게 적용하면 보편복지라서 안 되고, 선별복지는 불평등해서 안 된다는 것은 결국 어떻게 하더라도 무조건 반대하겠다는 복지부의 속내를 드러낸 것일 뿐"이라며 "성남시의 무상 산후조리지원은 다른 제도와 중복되지도, 누락되지도 않는 제도이므로 불수용으로 이를 막을 근거가 없고, 복지부는 중복이나 누락 여부 심사 외에 사업 자체의 타당성을 판단할 권한은 없다"라고 말했다.

이재명은 국가시책에 부합하는 자치단체의 출산장려시책을 권장해도 모자랄 보건복지부가 자체적으로 하겠다는 산후조리지원을 끝까지 막으면 '복지후퇴부'라는 오명을 쓰게 될 것이라며 무상 산후조리지원 정책에 대한 보건복지부의 사회보장위원회 회부 취소와 원안수용을 강력히 촉구한다며 행정적, 정치적, 법적 모든 수단을 동원해 반드시 관철해 내겠다고 말했다.

성남시민의 압도적인 찬성이 있었음에도 복지부가 형평성을 이유로 수용하지 않던 성남시와 복지부 간 줄다리는 그해 12월 국회에서 '모자보건법'이 통과되면서 공공 산후조리원 설치에 대한 법적 근거가 마련되었다.

이후 정작 이재명의 공공 산후조리원은 그가 경기도 지사에 취임한 이후 경기도 여주에서 최초로 도입되었다. 2022년에는 경기도 포천에서도 개원할 예정이다.

요즘 보통 아이들은 산부인과에서 태어나면 그다음엔 산후조리원에 가는데 다 가는 것은 아니고, 80% 이상이 산후조리원에 간다. 가격도 민간업체가 운영하는 곳은 가격이 싸다는 곳이 보통 2주에 200~300만 원이며, 만족할 만한 서비스를 제공하는 곳은 500~600만 원 정도 한다. 하지만 공공 산후조리원에서는 150만 원 안팎으로 운영되고 있다. 무상 산후조리원까지 아직 갈 길이 멀지만 앞으로 이 방향으로 공공 산후조리원이 운영될 것이다.

'무상교복' 정책과 마찬가지로 전국의 많은 지자체에서 '공공 산후조리원'을 설치하게 되었다.

다시 한번 이재명이 시작하면 대한민국의 표준이 된다는 사례를 보여줬다.

"청소·경비직은 우리 삶에 꼭 필요한 중요한 직업이다. 하지만 이분들에 대한 우리 사회의 대우는 참 야박하다. 화장실에서 도시락을 드시거나 습한 지하에서 휴식을 취하는 청소, 경비노동자들의 일상은 흔한 풍경이 되어버렸다. 그분들도 소중한 가정이 있고, 인격을 지닌, 우리가 존중하고 함께 살아가야 할 이웃이다."

이재명,
한다면 한다

제2장

디테일에 강한 유능한 진보

경기도 계곡 내
불법 점유시설물 강제철거

서울을 둘러싸고 있는 경기도의 동북부 지역에는 수려한 산들이 많아 서울시민 및 경기도민들이 많이 찾고 있다. 특히 이들 산은 모두 물 맑은 계곡을 갖고 있다.

국립공원 북한산 기슭 양주 쪽으로는 장흥계곡, 송추계곡이 있고, 상계동과 남양주시 별내면에 걸쳐 있는 수락산에는 청학동계곡이 있으며, 경기도 포천과 강원도 화천군 사이에 있는 백운산에는 백운계곡 등이 있다.

여름에는 수많은 사람이 찾는 관광명소로 오랫동안 알려졌지만, 여름 피서철만 되면 계곡에서 바가지 장사를 하는 업체들로 인해 불만이 누적됐다.

터무니없는 음식값은 물론이고, 계곡에 발 한번 담그려 해도 자릿세를 냈다. 계곡에서 장사하는 업주들은 계곡에 불법 구조물을 설치하고 장사를 해왔으며, 불법 구조물에 대한 권리금으로 몇천만 원씩 거래를 해왔다.

계곡을 찾는 수많은 시민이 항의도 해보고 신고도 해보고 했지만 몇십 년 동안 대책만 마련한다고 할 뿐 전혀 시정되지 않고 있었다. 계곡의 불법 구조물 및 불법 영업에 대해 단속해야 할 지자체 공무원들은 수십 년 동안 관행처럼 반복되어 온 불법 구조물 철거에 대하여 엄두도 내지 못하고 있었다.

2019년 8월 12일 경기도에서는 계곡 내 불법으로 평상이나 천막을 설치해 불법 영업을 해 온 음식점을 적발한 데 이어 도내 하천에 대한 전수조사를 통해 불법 영업 음식점을 강제철거하겠다고 발표했다. 또한, 장기적으로 위법행위가 계속되는 시군의 담당 공무원에 대해선 직무유기로 감사하는 방안도 검토하겠다고 발표했다.

이재명은 "각 시 군들이 계곡 내 불법적인 영업행위가 반복되는데도 불구하고 방치하는 경우가 많다. 경기도 특사경이 최근 하천 불법 점유자들을 입건했지만 이번에 처벌받아도 불법 영업 행위를 포기할 것으로 생각하지 않는다. 위법시설에 대해서 강제철거해야 한다. 안되면 부동산을 가압류하는 방안도 검토해야 한다. 내년 여름 경기도 계곡을 깨끗하게 하려면 공무원이 움직여야 한다. 위법행위가 계속 반복이 되면 유착을 의심할 수 있으므로 필요하면 수사 의뢰까지 고려하고, 전담 특별팀을 하나 만들어 달라."고 주문했다.

경기도에서 집중적으로 단속하는 계곡은 포천 백운계곡, 양주 장흥유원지 등 16개 계곡을 대상으로 했다.

이후 경기도는 각 지자체와 협력하면서 대대적인 단속에 들어 갔다. 수십 년 동안 그곳에서 (불법) 영업을 해 온 상인들의 저항 은 거셌다. 아무리 불법이라도 오랫동안 해 오면 그것이 권리라 고 착각할 수도 있다. 권리라고 생각되었으니 권리금을 주고 파 는 사람이 있고, 권리금을 주고라도 그곳에서 영업하겠다는 사람 도 있는 것이다.

저항이 거세지자 당연히 지자체에서는 머뭇거릴 수밖에 없었 다. 특히 지역의 특성에 따라 담당 공무원과 상인들이 지역사회 에서 늘 마주치는 관계인 경우가 많았다.

이때 이재명은 상인들과 직접 대화를 나눴다. 1년 또는 2년 유 예를 해 달라는 상인들의 요구는 절대 수용할 수 없다고 했다. 하 지만 합법적인 내에서 상인들의 정상적인 상업행위에 대해서는 적극적으로 지원하겠다고 약속했다.

백운계곡을 예로 들자면 계곡 3.8km 전역에 걸쳐 평상, 천막, 방갈로 등 불법시설 1,953개가 점령하고 있었다. 경기도와 포천 시는 백운계곡 음식점 상인들을 설득해 유료로 운영되던 불법 시설물을 모두 자진 철거하도록 유도하고, 계곡 상인 주민들과 간담회를 열어 모두 철거했다.

현재 백운계곡에는 3.8km 전역에 800개의 '공용 파라솔'과 테이블, 의자가 갖춰졌다. 안전계단과 난간이 설치되고 포토존도 마련됐다. 또한, 허물어진 계곡 옆 제방과 구름다리도 새로 조성됐다. 경기도는 청정계곡 복원을 위해 자진철거에 적극적으로 동참한 백운계곡 상인의 생계지원을 위해 '푸드 트레일러 임대지원 사업'도 진행했다.

이재명은 불법시설에 대해서는 강력하게 대처했지만, 불법시설이었지만 그곳에서 생계를 유지했던 상인들이 더 좋은 환경 속에서 영업할 수 있도록 적극적으로 지원했다.

깨끗한 하천과 계곡은 주민에게 돌려주고, 깨끗한 하천과 계곡을 관광명소로 만들어서 더 많은 사람이 찾게 만들어 궁극적으로는 지역주민들이 더 큰 경제적 효과를 낼 수 있게 하였다.

이재명은 계곡 불법 시설물을 철거하여 관광객과 지역주민이 모두 다 만족했던 적극 행정의 결과를 바탕으로 깨끗한 바다를 만들기 위해 노력하고 있다.

특히 이재명이 각종 송사에서 시달리고 있을 때 자진철거를 해야만 했던 백운계곡 상인들이 이재명이 계속해서 경기도 도정을 이끌어야 한다며 탄원서를 썼던 일은 시사하는 바가 크다.

단순하게 불법 철거물을 제거하는 것에서 더 나아가 보다 나은 생태계를 만들고자 하는 이재명의 생각이 빛나는 장면이라고 할 수 있다.

깨끗한 경기바다
만들기

사람들이 이재명이 경기도 지사직을 수행하면서 가장 잘한 일이라고 칭찬하는 것이 '하천 계곡 정비 사업'이었다. 우리는 너무나 오랫동안 위반 건축물을 짓고, 국유지를 사유화해서 불법으로 영업하는 행태에 대해 익숙해 왔다. 불법이었지만 그 누구도 문제를 해결하려고 하지 않을 때 이재명은 과감하게 칼날을 들이댔다. 사람들은 너무나 당연한 것을 했던 이재명의 실천력에 박수를 보냈다.

그런 그가 이제 경기도 내에 있는 바다를 깨끗하게 정비하려고 한다. 하천 계곡 불법 행위 근절과 청정계곡 복원을 거친 저항에도 불구하고 성공적으로 마무리한 것처럼, '깨끗한 경기바다 만들기'의 일환으로 펼쳐져 환경정비도 철저히 하고 어민들의 더 나은 삶도 만들어낼 것이라고 믿는다.

오세훈이 박영선을 누르고 서울시장에 당선된 그날인 2021년 4월 7일 경기도 최남단인 국화도에서 주민 간담회를 개최했다. 이 간담회는 깨끗한 경기바다 만들기와 관련해 현장의 목소리를 듣고 정책 추진에 반영코자 함이었다. 이 자리에는 서철모 화성시장, 정승만 경기남부수협조합장을 비롯한 어업인, 주민 등이 참석했다.

국화도 주민들은 이날 54명이 사는 소외되기 쉬운 섬마을에 관심을 가져준 데 대해 환영과 기대감을 표하며, 해양쓰레기의 지속적 관리방안 마련, 관광 활성화, 해저상수관로 설치 조속 추진 등을 건의했다.

경기도는 지속 가능한 바다를 도민과 어업인에게 돌려주기 위해 올해도 바다환경지킴이, 희망근로사업을 활용해 해안가의 쓰레기 1,500톤을 수거하고, 경기청정호를 이용해서 바닷속 침적 쓰레기 200톤도 인양할 계획이다.

더불어 불법 없는 깨끗한 경기바다를 만들기 위해 불법어업, 불법낚시 및 쓰레기 투기 등도 집중적으로 단속할 예정이다.

이제 경기도는 아름다운 청정계곡과 깨끗한 바다를 함께 품고서 친환경 관광자원을 통해 주민들의 소득도 늘리고, 경기도뿐만 아니라 서울 사람들의 편안한 휴식처도 제공하게 될 것이다.

이재명은 이날 주민들과 함께 쓰레기 수거 활동을 벌이고 난 이후 간담회에서 다음과 같이 말했다.

들던 대로 국화도는 '바다 위의 꽃'처럼 예뻤습니다. 더욱이 망태기만 있으면 사시사철 바지락, 키조개, 대수리가 한가득이고, 매년 이맘때는 고소한 실치회가 발길을 잡아끕니다.

이렇게 고마운 바다는 대자연의 근원입니다. 바다는 모든 생명을 다 품어줄 수 있고, 사람 역시 바다만 있어도 먹고 삽니다. 그러나 바다는 지금 우리가 보살펴주지 않으면 견딜 수 없을 만큼 아픕니다. 바다가 살 수 없다면 바다에 의지해 사는 모든 생명도 결국 위태로워질 것입니다.

작년에 처음 '깨끗한 바다 만들기'에 나선 후로 많이 늦은 게 아니기를, 취임하자마자 시작할 걸 그랬다는 생각을 많이 했습니다.

경기도의 하천, 계곡과 마찬가지로 그동안에 형식적이었던, 불법에 대한 단속과 처벌을 제대로 하고 치어 싹쓸이와 남획 등 수산자원 고갈에 대한 행정지도도 강화하고 있습니다. 또 처음으로 청소선도 건조해 올해 1월 취항했습니다.

그러나 이렇게 쓰레기를 수거하고 행정지도와 단속을 강화하는 것만으로는 소중한 바다를 온전하게 간직할 수가 없습니다. 서해바다를 찾는 관광객들, 도민들과 도서해안지역 주민들께서 우리 삶의 터전이자 생태자원인 바다를 지켜주시는 길

뿐입니다.

    저도 어떻게 더 깨끗하게 바다를 보존하고, 물오리나 갈매기들처럼 사람도 자연을 해치지 않고 어우러질 수 있을까 치열하게 고민하고 실천하겠습니다.

03

억울한 지역이 없어야 한다
수원산 터널

경기도 포천에는 수원산이라는 곳이 있다. 수원(水原)은 포천의 물이 시작되는 곳이라는 의미라고 한다. 수원산은 포천시 군내면과 내촌면 사이에 있으며 군도 56번 도로가 지나간다. 포천 시내에서 가평을 연결하는 최단 거리에 있는 산이 수원산이다.

21대 국회의원 선거 때부터는 포천과 가평을 묶어서 선거하는데 정작 포천과 가평은 열악한 도로환경으로 인해 가깝고도 먼 지역이었다. 가평은커녕 같은 포천시 내에 있으면서도 인접한 군내면과 내촌면은 수원산의 열악한 도로환경으로 인해 교류가 많지 않았다.

수원산을 지나는 56번 도로는 '44고개'라는 이름으로 와인딩을 즐기는 사람들에게 제법 알려진 도로이다. 와인딩(winding)이란 꼬불꼬불한 도로를 핸들과 기어 조작으로 빠르게 내려가는 것을 의미하는데 그렇다 보니 사고가 자주 일어나고, 특히 심하게 구불구불한 구간이 20%이며, 경사도 또한 10~17%의 급경사지가 34%에 달해 눈이 3cm만 내려도 통행조차 할 수 없어 먼 거리를 우회해야만 하는 등 주민들의 불편이 이만저만이 아니었다.

이 같은 불편 때문에 주민들의 오랜 숙원은 수원산 터널의 개통이었다. 주민들의 바람과는 달리 이 사업은 20여 년간 여러 문제 등으로 어려움을 겪어왔다. 지지부진한 사업에 뿔난 지역주민들은 서명 운동을 펼치기도 했다.

이에 포천시는 2013년 10월 제4차 국지도 건설 5개년 사업계획에 해당 사업이 반영될 수 있도록 도에 건의했으며, 도는 이를 받아들여 국토교통부에 건의, 2016년 3월 일괄예비타당성조사를 통과했다.

제4차 국지도 5개년계획에 포함된 해당 사업은 2016년 12월 914억 원을 들여 군내면 직두리와 내촌면 신팔리 5.5km 왕복 2차로 도로에 대한 기본 및 실시계획에 착수했다. 이 사업의 핵심은 구불구불하고 경사가 심한 기존 산악도로에 2.2km 수원산 터널을 뚫어 직선으로 연결하는 것이다. 하지만 2019년 10월 공사가 돌연 중지됐다.

국방부가 사업부지 인근에 있는 탄약고 8곳이 안전거리 위반이라며 탄약고 이전을 전제로 한 조건부 동의를 내세웠기 때문이다.

결국, 수원산 터널 문제는 탄약고를 이전하기 위한 예산 60억 원이 전체 사업비에 더해지게 되면서 사업편익비용(B/C)이 대폭 낮아져 사업 시행 자체가 흔들리게 됐다.

이에 박윤국 포천시장은 2020년 7월 열린 경기도 시장군수 간담회에서 이 지사에게 도움을 요청했으며, 이 지사는 직접 현장을 찾아 문제 해결을 위해 도가 탄약고 이전비용 60억 원을 지원하겠다고 약속을 하며 사업 시행에 파란불이 들어오게 되었다.

이재명은 "경기 북부는 그간 안보로 인해 많은 희생을 감내해왔다. 이제는 억울한 사람, 억울한 지역이 없어야 한다. 그것이 바로 공정한 세상"이라며 포천지역의 20년 숙원사업이었던 수원산 터널 공사를 시작하겠다며, 더이상 지연되지 않도록 경기도가 책임지겠다고 말했다. 이미 시작했거나 시행하고 있는 것부터 투자해 신속하게 사업을 마무리하겠다면서 도민들의 세금으로 시행하는 만큼, 낭비되지 않도록 신속히 추진할 것이라고 덧붙였다.

탄약고 이전비용을 경기도가 부담하기로 하면서 다시 시작된 수원산 터널은 2021년 상반기에 착공해서 2025년 완공을 목표로 하고 있다.

어린이집
건강과일 공급사업

　이재명은 어렸을 때 집안이 가난해서 과일을 먹을 수 없었다고 한다. 어쩌다 과일을 먹을 때조차 상품이 아니라 하품을 먹어야만 했다. 그래서인지 이재명은 어린이들의 먹거리에 관심을 많이 두게 되었다. 가난한 아이도 맘껏 신선한 과일을 먹을 수 있는 정책을 개발하고 실천했다.

　어린이들의 건강을 위해서 가장 중요한 것은 무엇보다 다양한 영양소를 골고루 섭취하는 것이다. 특히 비타민 섭취를 위해서는 과일을 빼놓을 수 없다.

　이재명은 2018년 지방선거 첫 TV연설에서 과일과 엮인 불우했던 자신의 유소년기를 언급하면서 다음과 같이 말했다.

　"초등학교만 마치고 공장을 다니던 시절, 시장 청소부로 일하시던 아버지가 가끔씩 썩기 직전의 과일을 많이 주워왔다. 그런 날은 배 터지도록 먹었다. 냉장고에 싱싱한 과일을 넣어두고 마음대로 꺼내 먹는 꿈이 그때 생겼다."

경기도는 2019년 6월 12일부터 경기도의 모든 어린이집에 과일 간식이 배달된다고 발표했다. 이재명 지사의 각별한 지시에 따른 것이라고 했다. 어린 이재명이 꿈만 꾸면서 이루지 못했던 소망을 경기도 도지사가 되어 그때의 어린 이재명과 같은 또래의 아이들을 통해 이루게 된 것이다.

경기도는 우선하여 도내에서 생산되는 제철 과일을 엄선해 제공하며, 아이들이 다양한 과일을 고루 접할 수 있도록 도에서 생산되지 않는 과일은 국내 다른 지역의 과일로 제공한다.

제공되는 과일은 배, 사과, 복숭아, 수박, 멜론, 거봉포도, 캠벨포도, 바나나, 감귤, 딸기, 만감류, 단감, 방울토마토, 체리, 참외, 자두 등이며 대체품목으로는 완숙토마토, 반시, 참다래, 천도복숭아가 있다.

경기도 내의 어린이집으로 원아당 1회 120g의 건강 과일을 주 2회 간식으로 제공하게 된다.

경기도는 이를 위해 31개 시·군과 협의를 통해 210억 원의 예산을 확보했다.

과일 배송은 어린이집의 신청으로 진행되며, 신설된 어린이집 등은 해당 시·군 건강과일 담당자 또는 보육 담당자에게 신청하면 된다.

'경기도 어린이 건강과일 공급사업'은 패스트푸드나 인스턴트 식품, 자극적인 가공식품에 길들여지고 있는 어린이들의 불균형한 영양섭취와 식습관을 개선하는 데 도움이 될 것이다.

이재명은 '경기도 어린이 건강과일 공급사업'이 시행되는 날 페이스북을 통해 소회를 밝혔다. "요즘 어린이들은 그때보다 잘 먹지만 외식, 패스트푸드와 배달음식이 보편화 되다 보니 영양가 있고 신선한 과일에 입맛 들일 기회가 줄어들고 있다. 미래 세대인 우리 아이들의 건강한 성장을 위해 새로운 경기도가 건강한 먹거리를 책임지겠다."라고 밝혔다.

아이들은 대한민국의 미래다. 싱싱한 과일 지원사업은 아이들의 건강을 지키는 것은 물론이고 미래의 대한민국 건강을 지키는 사업이기도 하다. 또한, 경기도 내의 과일 농가에서 생산되는 과일이 우선 공급되기 때문에 과일 농가의 매출도 증가하는 최소 1석 2조의 효과가 기대되는 사업이다.

이 과일 지원사업은 차별 없이 공정하게 모든 어린이가 다양한 과일을 섭취할 수 있도록 가정보육 어린이까지 확대 공급한다.

05

수술실 CCTV
설치

병원 수술실에서는 우리가 상상하지 못하는 일들이 종종 일어 난다. 수술 도중에 마취된 환자를 성추행하는 때도 있고, 수술할 자격이 없는 간호사가 수술하거나, 심지어는 의료기기 납품 업자 가 대리수술을 하는 때도 있다. 수술을 마치고 환자의 뱃속에 수 술기구를 넣고 봉합하는 일도 발생하고 있다.

의료사고로 의심될만한 사고가 발생한 경우 환자가 패소하는 경우가 압도적으로 높다. 이는 경찰이나 검찰, 법원은 진료기록 을 바탕으로 하는데 진료기록 자체가 오염되어 있는 경우가 꽤 많기 때문이다.

이재명은 "수술실 CCTV 설치는 환자와 의료진 간의 신뢰 회 복이라는 측면에서 매우 바람직하고 사회적 비용을 줄일 수 있는 방법"이라며 확대 필요성을 역설해왔다.

2018년 10월 1일 이재명이 이미 예고한 대로 경기도의료원 안성병원이 전국 병원 중 최초로 수술실 CCTV 운영을 시작했다. CCTV 촬영은 환자의 동의 여부에 한해 진행된다.

안성병원 수술실 CCTV 운영 첫날 외과와 정형외과에서 2명의 환자가 촬영에 동의해 하반신마취 수술을 진행했다. 촬영한 영상은 의료분쟁 등이 발생할 때만 공개한다.

이재명은 2018년 9월 16일 페이스북에 올린 글을 통해 "그동안 수술실은 철저하게 외부와 차단돼 있고 마취 등으로 환자의 의식이 없는 상태에서 수술이 이뤄지기 때문에 '일부 환자의 인권이 침해되는 사건'이 발생할 경우 환자 입장에서는 답답하고 불안한 부분이 있었다"면서 "2019년부터 의료원 6개 병실 수술실에 CCTV를 전면 확대할 계획"이라고 밝혔다.

의료계는 환자와 의료진 모두의 사생활 침해 소지가 있다며 즉각 반발하고 나섰다. 수술실에 CCTV를 설치할 경우, 의료인의 진료 위축 및 환자 개인과 의료 관계자의 사생활이 현저히 침해될 수 있다는 것이다. 그럼에도 수술실 CCTV 시범 운영을 강행할 경우, 모든 수단을 동원해 강력하게 대응하겠다고 밝혔다.

경기도는 2020년부터 '민간의료기관 수술실 CCTV 설치·지원사업'을 펼치고 있다. 비의료인 수술 등 불법 의료행위로 인한 의료사고 방지와 환자 인권침해 예방 등을 위해 수술실 CCTV 설치를 민간의료기관까지 확대하기 위한 사업이다. 도는 CCTV를 민간 병원이 설치할 경우 비용 일부를 지원하고 있다.

이에 따라 국민병원이 도비 3,000만 원을 지원받아 전국 최초로 민간의료기관 수술실 CCTV 설치사업을 시작했다. 국민병원은 수술실 3곳에 CCTV 3대를 설치했다. 국민병원은 2020년 11월 2일부터 운영에 들어갔다. 국민병원은 최근 1년간 1000건이 넘는 수술 건수를 기록한 곳이다.

한편 경기도의료원 산하 6개 병원은 모두 수술실에 CCTV가 설치돼 있다.

이재명은 2020년 7월 국회의원 300명에게 '의료기관 수술실 CCTV 설치' 입법지원 요청 편지를 전달했다. 김남국, 안규백 의원이 이런 내용을 담은 '의료법 일부 개정안'을 각각 대표 발의했다.

하지만 수술실에 CCTV 설치 의무화 법안은 2021년 2월 21일 국회의 문턱을 넘지 못했다.

이재명은 이날 자신의 페이스북에 〈국회와 국민. 대의왜곡은 배임행위입니다〉라는 글을 올리며 거듭 수술실 CCTV 설치 의무화 법안을 거듭 촉구했다.

대의민주주의 체제에서 국민은 나라의 주인이자 모든 권력의 원천입니다. 선출직이나 임명직을 가릴 것 없이 모든 공직자는 주권자인 국민의 공복으로서 국민의 의사에 반해서는 안 되며 국민의 주권 의지를 정치와 행정에 실현할 의무가 있습니다.

극히 일부 의료인에 관련된 것이겠지만 수술 과정에서의 대리수술, 불법수술 등 불법행위를 사전예방하고 환자의 인권을 보호하며 문제 발생 시 진상규명을 위해 수술실에 CCTV를 설치하여야 한다는 것에 대해 압도적 다수의 국민이 찬성합니다.

경기도가 경기도의료원 산하 6개 병원에 수술실 CCTV를 설치 운영 중이지만 아무 문제가 없고, 일부 민간 병원들도 자율적으로 수술실 CCTV를 설치하고 있으며 이 중 일부 병원은 환자유치를 위해 CCTV 설치 사실을 홍보하고 있기도 합니다.

이상적 형태인 직접민주제에 따라 국민 모두가 직접 결정한다면 수술실 CCTV는 곧바로 채택되어 시행되었을 것입니다. 그런데 국민으로부터 권한을 위임받은 선출직 공무원(국회)이나 임명직 공무원(복지부 등)들이 국민의 뜻에 어긋나도록 수술실 CCTV 설치를 외면하는 것은 위임의 취지에 반하며 주권 의지를 배신하는 배임행위입니다.

다수결 원칙이 지배하는 국회에서는 책임소재가 불분명하기 때문에 국민의 뜻에 어긋나는 로비나 압박이 작동하기 쉽습니다. 그럼에도 불구하고 이번 국회에서 수술실 CCTV 의무화가 사실상 무산의 길로 들어섰다는 것은 매우 안타깝고 실망스럽습니다.

1,380만 경기도민을 대표하여 경기도민의 안전을 위해 국회의 적극적이고 전향적인 노력을 촉구합니다.

한편으로 경기도가 시행해서 아무 문제가 없는 것처럼, 중앙정부나 지방정부 그리고 공공기관 산하 병원에 수술실 CCTV 설치는 국회의 입법 조치 없이 관할 책임자의 결단만으로도 얼마든지 가능합니다.

국민의 한 사람으로서 공공병원 책임기관에 국회 입법과 무관하게 가능한 공공병원 수술실 CCTV를 곧바로 설치 시행할 것을 요청드립니다.

민주당은 마땅히 국민 절대다수가 찬성하고 있는 CCTV 설치 의무법안을 조속히 입법해야 할 것이다. 수술실 CCTV 설치가 환자의 인권을 침해한다는 의사들의 주장은 괴변일 뿐이다. 수술실 CCTV는 의료진 감시가 아니라 의료진을 보호하는 것이기도 하다. 또한 국민(환자)과 의사의 신뢰를 회복하는 데 도움이 될 것이다.

06

저소득층 여성 청소년
생리대 지원

이재명이 시작하면 언젠가는 전국 표준이 된다. 이런 사례들은 너무나 많다. 이재명이 여타 정치인들과 다른 점이 있다면, 이재명은 실현 가능성이 의심되는 정책을 약속하지 않고, 할 수 있는 것만 약속하고 실천한다는 것이다. 충분히 할 수 있지만, 예산 부족, 사회적 관심도에 밀려서 하고 있지 않은 일에도 관심을 두고 시작한다는 것이다.

이재명이 성남시장이었을 때인 2016년 시작한 '저소득층 여성 청소년 생리대 지원사업'도 그 중에 하나이다.

2016년 이재명은 생리대를 마음 놓고 구입할 여력이 없는 청소년들이 수건이나 신발 깔창, 휴지로 대신하고 있다는 일명 '깔창생리대' 사연을 접한 뒤 전국 최초로 저소득층 청소년 대상의

생리대 지원사업을 시행했다. 이에 따라 성남시는 12~18세 기초
생활 수급 대상자, 저소득 한부모 가정 등 차상위 계층 3,400명
에게 월 2~3만 원 상당의 생리용품 구매비용을 지원했다.

2017년부터는 전국으로 확대돼 보건복지부와 여성가족부가
현행법을 근거로 기초생활수급자, 한부모 가정 등 취약계층 여성
청소년 약 13만 명을 대상으로 1인당 연간 약 12만6천 원을 지
원하고 있다.

2020년 이재명은 페이스북을 통해 '경기도가 여성 청소년 생
리용품 지원사업을 시작합니다!'라는 글을 올리며 사업 추진을
공식화했다. 이재명은 당시 여주시의 '여성 청소년 무상생리대'
보편지원사업을 경기도 전역으로 확산시키기 위해 모든 시군에
도비 지원을 알리며 여성 필수용품인 생리용품을 청소년에게 보
편적으로 지급하겠다고 밝혔다.

이재명은 깔창생리대를 언급하며 "어린 마음이 어땠을까 짐작
하면 아직도 가슴이 시리다. 지금은 많은 기초 지방정부가 저소
득층 여성 청소년 생리용품을 지원하지만, 기초생활 수급권자 등
어려운 청소년에게만 선별 지원한다는 낙인효과 때문에 상처받
고 꺼리는 학생도 많다고 해 이 사업을 추진하게 됐다."라고 말
했다.

경기도는 '경기도 여성 청소년 보건위생 물품 지원에 관한 조
례'에 따라 해당 사업에 참여 의사를 밝힌 시·군과 함께 도내

만 11세~18세 청소년 대상으로 지역화폐를 통해 생리용품 구매 비용을 지급하고 있다.

이재명이 시작한 이 사업은 결국 지난 2021년 3월 24일 이수진 국회의원(민주당)이 대표 발의한 '청소년복지 지원법 개정안'이 국회 본회의에서 가결돼 2021년 9월부터 시행할 수 있게 되었다.

개정안에는 국가 및 지자체가 모든 여성 청소년이 생리용품을 신청하면 지원하도록 했고, 구체적인 지원 기준이나 절차는 대통령령으로 정하도록 했다.

여성 청소년 생리용품 지원 시초에는 이재명이 있었다.

07

배달노동자
산재보험료 지원

대한민국은 다른 나라에 비해서 배달산업이 발전되어 있다. 퀵서비스, 택배, 음식배달에 이르기까지 배달산업은 한국 사회를 역동성 있게 연결하는 모세혈관과도 같은 역할을 하고 있다. 배달문화가 발전한 만큼 배달을 통하여 생계를 유지하고 있는 노동자의 숫자도 그 어느 나라보다 많다. 물건만 배달하는 것이 아니라 대리운전처럼 차와 사람을 동시에 배달하는 노동자도 존재한다.

옛날에는 배달하면 중국집에서 배달하는 이른바 철가방이 주를 이루었으나 지금은 촘촘한 네트워크 구축을 통하여 점주가 직접 고용하지 않아도 되는 플랫폼을 통한 배달이 주를 이루고 있다. 이렇게 플랫폼을 통해 일하는 노동자를 플랫폼 노동자라고 한다.

매장에서 직접 고용하지 않다 보니, 배달 중 사고가 났을 경우, 배달노동자는 생명은 물론 생계에 막대한 손실을 보게 된다.

특히 최근 코로나19 확산 등으로 이륜차를 이용해 배달노동을 하는 플랫폼 노동자들의 업무 강도와 위험도가 높아짐에 따라, 이들이 안전한 환경에서 일할 수 있도록 관련 대책이 필요하다는 목소리가 높아지고 있다.

4차산업혁명, 디지털 플랫폼 경제 확산 등에 따라 배달업 등 플랫폼 노동자들이 증가하고 있음에도, 이들을 위한 법·제도적 보호 장치가 미비하다.

실제로 최근 3년간 18~24세 이륜차 배달 사고 사망자가 32명에 이를 정도로 중대 재해 비율이 높은 상황이다. 더욱이 배달노동자들은 산재보험 가입이 의무임에도 사업주의 회피 등으로 가입률이 높지 않다.

이재명은 '노동이 존중받는 세상' 실현을 이루겠다고 말해왔다. 그래서 민선 7기 경기도는 2021년부터 배달업종 플랫폼 노동자들의 열악한 노동환경 개선을 위해 '플랫폼 배달노동자 산재보험료 지원사업'을 시행하기 시작했다.

경기도는 경기도일자리재단과 협력해 2021년 3월부터 도내 배달 라이더 및 퀵서비스 노동자를 대상으로 산재보험료 부담금의 90%를 최대 1년간 지원하고 있다.

구체적으로 살펴보면 분기별로 사업주 및 노동자로부터 신청을 받은 후, 근로복지공단을 통해 산재보험 가입과 보험료 납부가 확인되면 지원금을 지급하는 방식으로 운영된다. 2021년 사업 목표는 총 2,000명이다.

경기도는 이 같은 산재보험료 지원과 함께 올 한해 이륜차 배달노동자를 대상으로 안전 의식 강화와 배달노동자에 대한 인식개선을 위한 '안전교육 및 안전 캠페인'도 추진한다.

아울러 경기도와 플랫폼 기업, 플랫폼 노동조합이 참가하는 사회적 대화를 추진, 산재보험의 중요성에 대한 이해 당사자 간의 이해도와 가입률을 높이는 기회도 마련할 방침이다.

이러한 사업이 예정대로 잘 진행되면 배달노동자의 산재보험 가입률이 증가할 것으로 예상하며, 이를 통해 사회안전망에서 소외됐던 배달노동자들에 대한 재해 예방과 보호, 직업인으로서의 자존감 회복과 배달노동자와 산업에 대한 인식개선이 이루어질 수 있을 것으로 기대된다.

이 사업은 안전의 사각지대에 있는 배달노동자들에게 사회안전망을 제공해 공정한 노동환경을 조성하는 데 목적이 있다. 아울러 이재명이 늘 강조해왔던 억강부약의 자세로 안전하고 공정한 노동환경을 조성하겠다는 의지의 산물이다.

08

코로나와
신천지

2020년 1월 20일 국내에서 첫 코로나 환자가 발생했다. 그 이후 정부와 방역 당국의 효과적인 대처로 하루 50명 이내에서 확진자가 발생했으나, 2020년 2월부터는 대구에서의 집단 확진과 신천지예수교 증거막성전(이하 신천지) 교회 합숙소를 거점으로 한 집단 확진이 확인되면서 커다란 위기가 발생했다. 특히 신천지 교회에서의 집단 발생은 대구라는 지역사회를 넘어 수도권으로 빠른 전파를 만들어냈다.

신천지 교회에 대한 국민의 원성이 자자했으나, 기독교 내에서 이단으로 취급받던 신천지 교회의 특성상 신천지 교인들은 더욱 은밀한 곳으로 숨어들었다. 자신들이 신천지 교인이라는 것이 알려지는 것을 원치 않았기 때문이다. 신천지 교인들의 폐쇄성으로 인해 방역 당국은 매우 긴장했으며, 국민도 신천지 교인들의 비협조에 대해서 비판이 자자했으나, 그들에 대한 전수조사는 좀처럼 이루어지지 않았다. 교인들의 명단은 물론 합숙소를 드나들던 교인들의 명부마저 제출하기를 거부했다. 많은 국민이 불안에 떨 수밖에 없었다.

코로나 확산을 저지해야 한다는 절체절명의 순간이었다. 하지만 뾰족한 수단을 찾지 못하고, 신천지 교회가 협조해주기만을 기다리는 수밖에 없었다. 신천지 측은 종교의 자유를 침해한다는 주장을 하면서, 자신들이 갖고 있다는 교인 명부를 자발적으로 제출하였으나, 교인 명부는 엉터리였다.

이때 이재명이 나타났다. 경기도 도지사라는 행정 지위를 이용하여 신천지를 압박하기 시작했다. 2020년 2월 20일 코로나와의 전쟁을 선포한 이재명은 신천지 교인들에 대한 전수조사를 실시하겠다고 발표했다.

이재명은 지역사회 감염 확산을 저지하기 위해 신천지 신자들이 활동한 장소를 모조리 파악하고 신속한 방역 활동을 전개하겠다고 했다. 아울러 신천지 교단에 모든 신천지 예배당을 즉시 폐쇄하고 일체의 집회와 봉사활동을 중단함은 물론 경기도 내 예배당과 집회, 봉사활동 구역 등을 즉시 도에 신고할 것을 요구했다. 경기도는 해당 구역을 방역 조치하고 더이상 감염이 확산되지 않도록 활동 중단 여부를 밀착 관리하겠다고 천명했다. 하지만 이때까지도 신천지의 반응은 냉소적이었다.

그래서 이재명이 직접 나섰다. 특히 이만희 신천지 교주의 협조가 필요했다. 하지만 이만희는 가평군 보건소장이 검사를 요구했는데도 불구하고, 검사에 불응하고 있었다. 이만희가 검사를 받아야만 폐쇄적인 신천지 교인들이 전수검사에 응할 것으로 판단한 이재명은 자신이 직접 이만희를 찾아가서 검사집행을 지휘하겠다고 예고했다.

이재명은 3월 2일 자신의 페이스북을 통해서 "이만희 씨는 조금 전 기자회견에서 책임을 통감한다고 하셨는데, 법에 따른 검사마저 거부하면 그 회견의 진실성을 의심받을 수 있다는 점 상기하시기 바란다."며 "지켜보는 신도들의 눈과 국민 여론을 생각해서라도 지금 즉시 검사요구에 응하시기를 권유한다."고 덧붙였다. 아울러 "이만희 씨, 지금 즉시 검체채취에 불응하면 감염병법상 역학 조사거부죄의 현행범으로 체포하겠다."는 글을 올리기도 했다. 감염병 예방 및 관리에 관한 법률 제18조 3항 제79조에 의하면 역학조사에 불응할 경우 최고 징역 2년에 처할 수 있고, 현행범은 누구나 체포할 수 있다.

이재명은 다시 "오늘 오후 1시 40분경 가평보건소장 등을 통해 역학조사에 필요함을 고지하고 검체 채취를 요구했으나 지금까지 계속 불응하고 있으니 역학조사 거부죄가 적용될 수 있다. 지금 즉시 보건소의 검체채취에 응하지 않으면 역학조사 거부혐의로 고발은 물론 현행범으로 즉시 체포해 경찰에 인계하겠다. 마지막 경고."라고도 했다.

이재명은 여기에 그치지 않고 "감염병법 제42조 1~3항에 따라 공무원들에게 (이만희 총회장의) 별장으로 진입해 감염병 의심자인 이만희 씨에 대한 조사 진찰을 하도록 지시하고, 관할 가평경찰서장에게는 동 제4항에 따라 이만희 씨에 대한 조사 및 진찰 업무 지원을 요청했다."고 밝혔다.

이재명은 이날 오후 7시 20분쯤 현장 지휘를 위해 이만희 총회장의 별장이 있는 가평으로 출발했다. 이만희가 있는 별장에 도착했을 때는 이만희가 이미 자리를 비운 이후였다. 그리고 이만희는 오후 9시 15분쯤 과천보건소를 찾아 검체조사를 받았다.

이만희의 검체조사에도 불구하고 21만 명에 이르는 신천지 교인들의 명단이 확보되지 않아 전수조사가 이루어지지 못하고 있었다. 대구 서구보건소에서는 신천지 신도임을 숨기고 근무하던 감염예방의학팀장이 코로나에 확진 판정을 받는 등 신천지발 확산은 계속되고 있었다. 신천지 측에서 제공한 명단에 신뢰성을 의심할 만한 정황이 계속 발생했고, 신천지 측은 정식 신도가 아닌 예비 신도(교육생)의 명단은 제공할 수 없다고 밝혔다. 하지만 가장 위험한 집단은 합숙하면서 교리를 익혀 가는 예비 신도들이었다.

3월 25일 이재명은 과천시 신천지예수교회 부속기관에 대한 강제진입 및 역학조사를 실시했다. 시·도지사는 감염병이 유행할 우려가 있다고 인정되면 지체없이 역학조사를 실시할 수 있다는 '감염병예방법'에 따른 조치였다.

신천지 측은 강제 역학조사에도 매우 비협조적이었다. 신도들의 명단이 외부에 유출된다는 것에 대해서 매우 불안해했다. 이재명은 그래서 아이디어를 냈다. 전수조사를 하는 데 있어서, 실제 연락을 취하는 것은 신천지 측에서 하고, 경기도에서는 제대로 하고 있는지만 옆에서 지켜보겠다는 것이었다. 교인들의 명단이 외부로 유출되지 않는다는 안전장치가 마련되자 신천지 측은 적극적으로 신도들에게 검체채취에 응할 것을 권유하기 시작했다. 행정당국에서 하는 것보다 오히려 효과가 좋았다. 숨어 있던 신천지 교인들도 적극적으로 협조하기 시작했다.

이재명의 전광석화 같은 이만희 교주에 대한 체포시도와, 신천지 교인들의 전수검사 실시는 이재명의 추진력을 보여주는 상징과도 같은 사건이 되었다. 이로 인해 이재명의 실행력에 대한 신뢰가 확산되었다.

이후 신천지는 전수조사에 협조하는 것은 물론이고, 신천지의 젊은 신자 중 확진되었다가 완치된 신도들은 그 누구보다 많이 혈장 공여를 해 주었다. 셀트리온처럼 혈장 치료제를 개발하던 기업에는 엄청난 도움이 되었다. 그리고 그들의 희생정신으로 인해 대한민국은 그 어떤 나라보다 먼저 혈장 치료제를 완성하는 나라가 되었다.

비록 초기에는 대한민국의 코로나 확산의 원흉이 되었지만, 지금까지도 혈장 공여를 통하여 코로나 극복에 앞장서고 있는 신천지의 젊은 교인들은 자신의 종교신념을 지키면서 뒤늦게나마 사회에 기여하고 있다. 2020년 11월까지 신천지 신도 중 4천 명이나 혈장 공여에 참여했다.

아직도 교회발 코로나 확산은 계속되고 있다. 그러나 시작은 비슷했으나, 혈장 공여를 통하여 사랑을 실천하고 있는 신천지 교인들에게 대한민국 국민의 한 사람으로서 감사를 표한다.

09

노동자 휴게권은
최소한의 존엄 지키는 문제

이재명이 여타 정치인에 비해서 최대 장점은 디테일에 강하다는 것이다. 자칫 사소하게 보이는 곳에서 이재명의 행정은 빛을 냈다. 그리고 그런 것들은 한결같이 "왜 이런 것을 이제야 알았을까?" 하는 의문이다. 이재명은 서민들의 삶 곳곳에서 관행처럼 지속하여 온 불합리한 것을 정상으로 되돌려 놓는 것이 많다. 그래서인지 이재명이 하는 것에는 '전국최초'라는 수식어가 따라다니는 것이 유독 많다. 이런 이재명을 어떤 사람들은 별것도 아닌 일을 가지고 유난을 떤다고 비난한다. 하지만 정치는 별것도 아닌 것처럼 사소해 보이는 것으로 인해 고통받는 사람들을 더이상 고통받지 않게 하는 것이다.

2019년 8월 9일 청소노동자 A씨(67)가 서울대학교 공과대학

제2공학관(302동) 직원 휴게실에서 휴식을 취하다 숨졌다. A씨가 숨을 거둔 휴게실은 지하 1층 계단 밑에 있는 1평 남짓으로 에어컨은커녕 창문도 없는 공간에 폭염으로 인한 끈적끈적한 열기와 퀴퀴한 곰팡내가 가득했다. 그나마 주먹만 한 환풍기가 청소노동자들의 유일한 숨구멍이었다. 이곳은 휴게실이라고 할 수 없는 곳이었다. 건강한 사람도 여기 오면 아파서 나갈 지경이었다.

서울대뿐만 아니라 대학 내 청소노동자들의 휴게 환경은 비좁은 답답한 창고에서 벗어나지 못하고 있으며, 창고나 작업실 옆에 있거나, 심지어 휴게실이 화장실 안에 있는 사례도 있었다.

물건을 쌓아놓는 곳과 사람이 쉬는 곳은 설계부터 다르다. 건물 신축이나 공간 구성 시 노동자 휴게실을 '남는 공간', '버리는 공간'에 끼워 넣을 게 아니라 초기부터 '필수 공간'으로 반영해야 한다. 경기도가 추진하고 있는 '공적 영역의 노동자 쉼터' 조성 사업이 노동자 휴게 환경 개선을 위한 대안으로 주목받는 이유도 이 때문이다.

경기도는 2018년 10월부터 공공기관, 대형집합건물, 아파트에 청소·경비노동자를 위한 지상 휴게 공간 설치를 추진하고 있다. 이재명이 '아파트 청소원, 경비원분들께 쾌적함을 선물하겠다'라고 한 약속을 지키기 위해서다.

경기도는 경기도시공사가 시공한 33개 공동주택(아파트) 단지 지상층에 관리용역원의 쉼터 환경 개선을 위한 편의시설을 설치하고 휴게 공간의 필수 요소 중 하나인 냉·난방 시설도 모두 갖추도록 했고, 샤워 시설의 경우에는 설치 공간이 부족한 경우를 제외하고 모두 설치하도록 했다.

경기도는 지금까지 공공부문은 물론 공공기관 108개 사업장에 172개 휴게시설을 개선하고, 민간부문은 대학 및 아파트 휴게시설 57곳을 신설 또는 개선했으며 2021년에도 149곳을 추가로 개선할 방침이다.

2021년 4월부터 공공기관 및 31개 시군 평가에 휴게시설 개선 평가항목을 신설하고 산업단지와 소규모 사업장 등 민간 부분 취약 노동자의 휴게 여건 개선을 위한 실태조사를 벌이고 있다.

이재명은 2019년 8월 19일 페이스북을 통해 "청소·경비직은 우리 삶에 꼭 필요한 중요한 직업이다. 하지만 이분들에 대한 우리 사회의 대우는 참 야박하다. 화장실에서 도시락을 드시거나 습한 지하에서 휴식을 취하는 청소, 경비노동자들의 일상은 흔한 풍경이 되어버렸다. 그분들도 소중한 가정이 있고, 인격을 지닌, 우리가 존중하고 함께 살아가야 할 이웃"이라고 했다.

한편 이재명은 서울대 청소노동자 A씨의 죽음을 애도하면서 "인간의 가치와 존엄은 지위의 차이나 경제력의 유무로 결정되는 것도, 노동의 종류로 결정되는 것도 아니다. 사람이라면 누구나 인간다운 삶을 누릴 권리가 있고, 그 이전에 최소한의 가치와 존엄을 지킬 수 있는 노동환경을 보장받아야 한다. '쉼'을 위해 존재하는 공간이 '숨'을 거둬가는 공간이 되는 일은 더이상 없어야 하지 않겠느냐"고 안타까워했다.

2021년 4월 20일에도 여의도에서 열린 '취약 노동자 휴게시설 개선 정책 토론회'에 참석해서 "노동자 휴게권 보장은 인간으로서 최소한의 존엄을 지키는 문제"라며 "거대 담론도 중요하나 일상과 현실의 문제를 해결하는 것이야말로 정치가 필요한 이유"라고 강조하며 더 나은 민생을 위해 작은 변화로 큰 움직임을 만드는 데 앞장서겠다고 밝혔다.

이재명은 거대 담론에 대해서 소홀하지 않지만, 일상 속 작은 문제들, 약자들의 어려운 환경을 개선하는 작지만 소중한 과제에 관해 관심을 두고 개선하려고 노력해왔다. 성남에서, 그리고 경기도에서 시작한 이재명의 작은 실천이 입법 과정을 통해 제도적으로 다루어져 열악한 환경에서 비인간적인 노동을 하는 상황이 개선되기를 바란다.

이재명은 정치의 본령은 국민의 삶을 개선하는 데 있고 기존 질서와 제도, 환경을 바꾸는 일정한 개혁의 성과를 만들어야 한다면서, 그 중심은 사람들의 삶에 관한 민생에 있어야 한다고 말한다.

디테일에 강한, 유능한 진보, 그가 바로 이재명이다.

사람이 만든 문제는 사람이 해결할 수 있습니다. 해법은 기발한
아이디어나 엄청난 연구로 만들어지는 대단한 것이 아니라 이미
있는 여러 방법 중에서 선택하는 것입니다. 다만 그 선택은 정책
결정자가 자신을 포함한 기득권의 반발을 감당할 용기와 결단에
달려 있을 뿐.

이재명, 한다면 한다

제3장

기본소득, 기본대출, 기본주택

불법사채업체와의 전쟁
극저신용대출

    은행은 적당한 이자를 받으면서 돈을 빌려주는 곳이다. 은행에서는 보통 연이율 3% 이내로 빌려준다. 하지만 누구에게나 빌려주지 않는다. 신용등급이 6등급 이하인 자들에게는 신용대출을 해 주지 않는다. 이들은 흔히 저축은행이라는 이름이 들어가 있는 제2금융권에서 대출을 받아야 한다. 그 인원이 대략 1,000만 명이 된다. 제2금융권의 신용대출 금리는 보통 연리 10% 이내이다. 제2금융권에서도 대출을 해 주지 않는 자들이 있다. 신용등급 8등급 이하인 사람들이다. 이들은 보통 대부업 회사에서 돈을 빌린다. 대부회사의 대출금리는 보통 상한선인 연리 20%이다. 연리 20%는 대한민국에서 정한 돈을 빌려주고 받을 수 있는 최고 금리인 것이다.

하지만 대부업 회사에서도 대출을 받을 수 없는 사람들이 있는데 이들은 보통 불법사채업체에서 돈을 빌린다. 금리는 평균 400%이다. 불법사채 중 가장 흔히 볼 수 있는 것이 길거리에 뿌려지는 일수대출이다. 급전이 필요한 자영업자나 개인들이 쓰게 되는데 빌릴 수 있는 금액은 보통 50만 원에서 100만 원으로 소액이다. 그런데 50만 원을 빌리는 사람은 많지 않다. 선이자 수수료 명분으로 15만 원가량을 떼어가기 때문에 보통 100만 원을 빌린다. 100만 원을 빌려도 실제 받는 돈은 70만 원가량이다. 70만 원을 빌려주고 100만 원을 빌렸다며 강제로 계약서를 쓰게 한다. 그들이 내세우는 논리는 이렇다. 100만 원을 빌린 것 중에 이자 상한선이 20%이니 20만 원 이자를 먼저 내라, 그리고 담당자의 관리비용으로 10%에 해당하는 10만 원도 내라. 그렇게 해서 70만 원이 나오는 것이다. 급전 70만 원이 필요한 사람은 결국 70만 원을 받고 100만 원에 대해 대부계약을 한다. 그리고 하루 1만 원씩 120일 또는 150일을 갚아야 하니 그야말로 살인적인 이자가 아닐 수 없다. 하지만 합법적인 대부업에서조차 빌릴 수 없는 극저신용자들은 이런 불법적인 대출에 무방비로 노출되어 있다. 50에서 100 사이로 비교적 적은 금액이지만 이자가 워낙 높다 보니 연체되는 경우가 대부분이다.

경기도에서는 2018년부터 이런 불법사채업체와의 전쟁을 선포했다. 경기도 특사경을 투입하여 불법 전단지에 전화를 해서 그들을 검거했다. 이제 경기도에서는 더이상 불법 사채업체는 사업하기가 어렵게 되었다. 하지만 불법사채업체만 제거한다고 해서 모든 문제가 해결되는 것이 아니다. 불법사채업체에서 돈을 빌려야 할 만큼 다급한 사정이 있는 서민들이 분명 존재하고 있는 것이 현실이다. 이들에 대한 대책이 제대로 세워지지 않으면 결국 저신용자들을 더욱 궁지에 몰 수도 있는 것이다.

그래서 경기도에서는 급전이 필요한 사람들을 위하여 50에서 300만 원까지 저리 이자로 빌려주는 경기도 극저신용자 대출사업을 시작했다.

신용등급 7등급 이하 19세 이상 경기도 거주민에 대하여 50만 원까지는 별도의 심사를 거치지 않고 대출을 해주고, 300만 원 이내에서는 간단한 심사를 통하여 대출사업을 시행하고 있는데 반응이 매우 좋다. 2020년 4월에 마감된 1차 사업에서는 50만 원 한도 무심사 대출은 35,355명이 신청을 했으며 300만 원 한도 심사대출은 7,312명이 신청을 했다. 극저신용대출을 이용한 경기도민의 만족도는 73%에 이른다.

경기도 극저신용대출은 불법사채업체를 단순히 몰아내는데 그치지 않고 저신용자들에게 불법사채를 쓰지 않더라도 숨을 쉴 수 있는 공간을 마련해준 사업으로 인정받고 있다.

극저신용대출은 이재명의 기본대출 정책의 시금석이라는 평가를 받는다.

2021년 이재명은 자신의 페이스북에 다음과 같은 메시지를 남겼다.

복잡한 물물거래의 과정을 혁신적으로 압축시킨 것이 바로 화폐입니다. 화폐가 성립하는 원리는 '신용', 일종의 약속인 셈입니다.

신용의 근거가 개인의 자산(金)이던 시대에는 신용등급에 따른 차등이 당연하겠지만 현대 사회는 화폐발행권의 원천이 국가권력에서 나옵니다. 세금을 내는 국민으로부터 비롯되는 '모두의 것'입니다.

그런데 유독 금융분야는 자금 선순환의 공적 목적은 경시한 채 소수의 은행자본과 특권층이 이익을 독점하는 적자생존의 논리가 관철됩니다.

부자에게는 더 싸게 더 많이 더 오래 빌려주면서 빈자에게는 높은 이자를 치르게 하거나 빌릴 기회조차 주지 않는 배타주의 원칙이 통합니다. 저신용자로 분류되면 성실하게 변제를 해도 다른 저신용자의 채무와 연동되는 야만적인 신용등급제도 시스템이 버젓이 작동합니다.

국가 정책은 억강부약의 원칙이 기본임에도 금융시스템의 철저한 배타성에는 의문을 가지는 이가 드뭅니다. 그러나 민생과 직결된 경제 영역인 만큼 타당하다면 문제제기를 해야 하고 합리적인 방안이 있다면 해결을 주저해서는 안 됩니다.

경기도는 모두의 것이 모두에게 돌아가도록 '기본금융'의 길을 열기 위해 최선의 노력을 기울여 왔습니다. 주어진 법과 권한이 허락하는 범위 내에서 '극저신용대출'을 우선 시행한 것도 그러한 노력의 일환입니다.

2021년에도 '극저신용대출' 신청 접수를 받습니다. 신용등급이 낮다고 마땅히 누려야 할 국민의 혜택에서 배제되어선 안 됩니다. 움츠러들지 말고 당당하게 요구해주십시오.

비록 소액이지만 당장의 위기를 넘기는 데 유용하게 쓰이는 귀한 자금이 되면 좋겠습니다.

선별복지
보편복지

대부분 사람이 이재명은 대표적인 친노동자, 친서민 정책을 쓴다고 알고 있고, 이재명 자신도 그렇게 얘기하고 있다. 그런데 이재명은 선별복지보다는 보편복지를 지향하고 있다. 왜냐하면, 결과적으로 보편적 복지가 오히려 서민들에게 더 유리하기 때문이다.

오세훈은 "부잣집 자제분에게 왜 무상급식을 해야 하나, 그들에게 줄 돈으로 가난한 집의 아이들에게 더 많이 주는 것이 맞다."라며 초등학생 보편적 무상급식을 반대하면서 주민투표에 부치고 끝내 서울시장직을 내던졌다.

선별복지를 주장하는 사람들이 자주 쓰는 이론이 다음과 같은 그림이다.

왼쪽 그림은 보편복지이고, 오른쪽 그림은 선별복지라는 것이다. 가장 가난한 오른쪽 사람에게 가장 많이 지급하고, 가장 부자인 왼쪽 사람에게는 지급하지 않으면 결국 동등해진다는 얘기다. 이 그림만 보면 '아 그렇구나' 하고 수긍이 간다.

하지만 이 그림은 잘못되어도 정말 잘못되었다. 가난한 사람에게 아무리 많이 줘도 절대 부자와 동등한 눈높이가 될 수 없다.

돈의 가치는 매우 상대적이다. 1달러(1,200원이라고 가정하면)가 어느 나라에서는 하루 세끼의 식삿값이 되기도 하지만, 대한민국에서는 커피 한 잔 값도 안 된다. 대한민국 내에서도 똑같다. 상위 10%의 사람들에게 10만 원은 한 끼 식삿값도 안 되지만, 대부분의 노동자 농민 서민들에겐 하루 일당보다 많은 돈이다.

위의 그림이 잘못된 이유가 바로 여기에 있다. 마치 기껏해야 10여만 원 드는 초등학생 보편적 무상급식을 못 하겠다면서 이 그림을 들이대고 있다. 이 그림이 설득력이 있으려면 상위 10%가 한달에 버는 수익 1억과 대다수 서민들이 한달에 버는 돈 200만 원의 차이인 9,800만 원을 가장 못 버는 사람에게 지급한다는 것을 전제해야 한다. 겨우 10만 원도 안 드는 것에 이 그림을 들이대는 것은 매우 뻔뻔한 짓인 것이다. 이 그림을 들이대는 대는 나름대로 계산이 있기 때문이다. 그것도 아주 비열한 계산이.

상위 1% 또는 상위 10%의 10만 원과 하위 90% 또는 하위 50%의 10만 원이 갖는 의미가 똑같다는 억지 논리를 펴는 것이다. 월 1억을 버는 사람들에게 10만 원을 더 주면, 그들의 수입은 100,100,000원으로 겨우 0.1%의 수입증가가 생긴다. 월 1천만 원을 버는 사람들에겐 10,100,000원으로 1%의 수입증가가 생긴다. 하지만 월 200만 원을 버는 사람들에겐 2,100,000원으로 5%의 수입증가가 생긴다. 물론 월 100만 원을 버는 비정규직 파트타임 노동자라면 1,100,000원으로 무려 10%의 수입증가가 생긴다.

위 그림이 잘못된 것 중 가장 큰 이유는 같은 금액을 줘도 결코 밟고 일어서는 계단의 높이는 일률적으로 높아지지 않는다는 것이다. 보편적으로 지급했을 때 밟고 일어서는 계단의 높이는 소득이 높을수록 미미하고, 소득이 작을수록 의미 있게 되는 것이다. 소득이 월 1억인 사람들에게 0.1%로 큰 의미가 없겠지만, 소득이 적은 200만 원을 버는 사람들에겐 5%의 효과가 나서 이것이 평생 누적되면 결국 부의 쏠림현상을 막을 수 있는 것이다.

보편적으로 지급하는 재원은 사실 상위 10%가 내는 세금으로 이루어진다. 그런데 세금을 가장 많이 내는 사람에게 전혀 혜택을 주지 않게 되면 조세저항의 빌미가 될 수 있다. 선별지급은 조세저항을 평계로 국가가 지불하는 복지의 수준을 축소해서 세금을 덜 내려는 술수인 것이다.

보편복지를 통해서 세금을 더 많이 내는 부자들의 조세저항을 최소화하는 것이 현명한 것이다. 어려운 사람들을 두텁게 지원하는 것은 물론 중요한 일이다. 하지만 돈을 많이 버는 사람들에게 '난 세금만 내고 혜택은 전혀 못 받는다'라는 원성을 들어서는 안 된다.

문재인 정부는 2020년에서 2021년에 걸쳐 2차, 3차, 4차 재난지원금을 주면서 선별지급을 고집했다. 결과는 어떠했는가? 여기저기서 나는 세금만 내고 받은 것이 없다는 원성이 자자하다. 누구는 받았는데 나는 못 받았다며 욕하는 사람들이 엄청나다. 돈 쓰고도 욕먹는 일이 바로 전국민이 어려운 이 상황에서 더 어려운 사람들을 꼭 집어서 지급하겠다는 아집이다. 그리고 그렇게 꼭 집어서 지급할 수 있을 정도로 자신들이 유능하다는 자만이다.

그런 의미에서 선별지급을 끝까지 고집하는 홍남기를 자르지 못한 것은 문재인 대통령 인사의 최대 실수라고 생각한다.

보편적
재난기본소득

2020년 인류는 수백 년 만에 처음으로 전염병이 세계적으로 유행하는 팬데믹(pandemic)을 맞이했다. 전 세계 곳곳에서 일상이 멈췄다. 이 전염병은 2019년 12월 중국 우한에서 처음 발생한 것으로 알려진 코로나바이러스감염증(COVID19)이다.

우리나라는 2020년 1월 8일 코로나19로 의심되는 환자가 처음 발견되었다. 같은 날 미국에서도 코로나19로 의심되는 환자가 발생했다.

같은 날 코로나19가 처음으로 발견되었으나, 미국은 이후 하루 20만이 넘는 수준의 확진 환자가 나왔고, 한국도 최대 1200명이 넘는 확진자가 나온 이래 지금은 300~600명대를 오가고 있다.

코로나19는 우리의 일상을 바꿔놓았다. 가정을 제외한 모든 실내외에서 마스크를 써야 했고, 일몰 이후에는 식당을 포함한 주점 등이 불을 꺼야만 했다. 지금은 그보다는 느슨한 제재를 하고 있지만, 자영업자 비중이 높은 한국에서는 그 부작용이 심각했다. 수많은 자영업자가 폐업의 위기에 몰렸다.

우리가 선진국이라고 여겼던 미국, 북유럽, 서유럽, 일본의 대응에 비해서 한국의 대응은 매우 효과적이었지만, 효과적인 방역을 위한 영업 제한은 자영업자들뿐만 아니라 대부분의 국민 모두에게 고통으로 다가왔다.

많은 나라에서 멈춰진 일상으로 인한 경제 붕괴를 극복하기 위하여 자국민들에게 현금을 투입했다. 한국도 예외는 아니었다. 2021년 3월 29일까지 모두 4회에 걸쳐 재난지원금이 집행되었다.

2020년 5월에 실시된 1차 재난지원금만이 전국민을 상대로 지급이 되었고, 이후 3번에 걸친 재난지원금은 소상공인을 중심으로 한 피해업종에 한하여 선별적으로 지급되었다.

재난지원금의 지급방식을 두고 수많은 사회적 논쟁이 있었다. 하지만 사회적 합의를 통해 지급되었다고 보기 힘든 측면이 있다. 기본적으로 정부의 방침은 피해업종에 두텁게 지급하겠다는 것이었다. 1차 재난지원금이 전국민에게 지급된 것은 선별할 수 있는 시간적 여유가 없었기에 고육지책으로 한 것이지 '전국민 재난지원금 지급이 효과적이라는 정부의 판단 결과'라고 볼 수는 없다.

4차까지 지급되는 동안 재난지원금의 지급방식으로 두고 치열한 찬반논쟁이 있었다. 여론조사를 할 때마다 보편지급이냐 선별지급이냐는 우열을 가리기 힘들 정도로 엎치락뒤치락했다.

이 논쟁에 불을 지핀 사람도 다름 아닌 이재명이었다. 이재명은 코로나19의 대유행이 시작되고 국민의 고통이 현실화하자 전국민 재난지원금(이재명은 '재난기본소득'이라고 명명했지만)을 주장했고, 당시 국무총리였던 이낙연은 피해업종에 '두텁게' 지급하는 선별지급을 주장했다. 이낙연뿐만 아니라 민주당의 대부분 의원들과 국민의힘 등 야당들도 선별지급을 주장했다. 정치권에서는 이재명의 보편지급은 소수의견이었다.

논쟁은 시작되었고, 보편이냐 선별이냐로 시끌벅적한 사이 시간은 흘러가고 있었다. 이재명이 이끄는 경기도는 선제적으로 2020년 3월 24일 경기도민 전체를 상대로 1인당 10만 원의 1차 재난기본소득 지급을 결정했다. 경기도에 소속된 지자체에서도 별도의 금액이 책정되어 함께 지급되었다. 경기도는 지급방식에 있어서 현금이 아닌 지역화폐를 기반으로 했으며, 사용하고 있는 신용카드나, 별도의 체크카드에 넣어주고, 사용기간도 3개월 이내로 제한하였으며, 사용장소도 골목상권의 점포 위주로 제한하였다.

이재명이 처음 시작한 재난지원금은 2개월 뒤 2020년 5월에 4

인가족 기준 100만 원의 전국민 재난지원금을 국가가 지급하는 것으로 결실을 보았다.

전국민 재난지원금의 효과로 인하여 5월 6월 골목상권에 다시 활력을 불어넣었다. 경제적 효과가 상당했음을 여러 지표로 확인할 수 있다.

이후 보편적 재난지원금은 어느새 이재명의 아젠다가 되었다. 그래서인지 이재명을 견제하는 세력은 보편적 재난지원금을 반대했다. 그 선두에 총리 이낙연이 있었고, 부총리이자 기재부 장관인 홍남기가 있었다. 특히 홍남기는 정부의 재정은 화수분이 아니라면서 보편적 재난지원금을 정면으로 반박했다.

보편이냐 선별이냐는 논쟁은 이후 경제학자, 정치인, 기자, 방송인, 그리고 일반 시민들에게까지 확산되었다. 보편지급을 처음부터 끝까지 주장하는 측에 선두에는 늘 이재명이 있었다. 이재명은 자신이 이끄는 경기도에서 보편지급이 얼마나 신속하고, 효과가 있는지 증명이라도 하려는 듯이 많은 비판에도 불구하고 강력하게 추진해나갔다.

재난지원금 논쟁을 보면서 나는 우리 사회가 10여 년 전에 오세훈이 서울시장직을 던지면서까지 반대하던 초등학교 무상급식 논쟁에서 별로 나아지지 않았구나 하는 생각을 하게 된다. 그때 오세훈도 삼성의 이건희 손자가 왜 무상급식을 받아야 하느냐, 돈이 많은 사람은 돈을 내고 먹고, 가난한 집의 아이들에게만 무상급식을 하는 것이 사회정의라고 말했다. 그 논쟁의 연장 선상에 재난지원금을 왜 피해를 보지도 않은 부자나 공무원 등에게 줘야 하느냐면서 그것이야말로 예산 낭비라고 주장한다. 선별지급을 하면 그만큼 더 두텁게 지급할 수 있다는 것이다.

반면에 전국민 보편적 재난지원금을 주장하는 사람들의 논리는 대략 다음과 같다.

첫 번째로 피해업종을 선별하는 데 있어서 정확하게 대상자를 파악하는 것이 거의 불가능하므로 사각지대가 발생할 수밖에 없다.

두 번째로 대상자를 파악하기 위하여 엄청난 행정적 낭비를 초래한다.

세 번째로 세금은 주로 상위 10%의 부자들이 부담하고 있는데 이들에게 혜택을 주지 않음으로써 조세저항이 있을 수 있다.

그리고 마지막으로 자영업자들에게 현금으로 직접 지급하면, 그 돈은 결국 임대사업자들의 수중으로 돌아갈 뿐 경제적 승수효과가 없다는 것이다.

이재명이 보편적 지급을 주장하거나 실행하면서 늘 하는 말이 있다. 그것은 다름 아닌 '재난기본소득은 복지정책이 아니라 경제정책'이라는 것이다.

어려운 사람들을 꼭 집어서 그들을 도와주는 복지정책이 아니란 말이다. 오히려 코로나19의 대유행으로 대한민국의 상권, 특히 골목경제가 붕괴위기에 놓여있는데, 돌아가지 않는 경제를 살리기 위하여 쓰는 경제정책이란 것이다.

이재명의 재난기본소득은 골목상권을 살리는 방식에 대하여 깊이 고민한 흔적이 보인다. 현금이 아닌 지역화폐로 지급해서 사용기간, 사용지역, 사용장소에 대해서 효과적으로 통제할 수 있도록 만들었다. 그래서 결국 가장 피해를 많이 보고 있는 소상공인의 매출 증가를 가능하게 만들었다. 경기도의 1차 재난지원금, 그리고 이어진 정부의 1차 재난지원금을 통하여 보편지급이 소상공인의 매출로 이어지다 보니 2,3,4차 지원의 대상자였던 소상공인들도 보편지급을 선호하게 되었지만 끝내 보편지급은 기재부의 반대로 더이상 진행되지 않았다. 아직도 선별적 재난지원금의 지급 대상자로 설계되었던 사람들에게 전달이 안 되어 예산 중 사용하지 않은 금액이 엄청나다는 것은 선별적 재난지원금 지급이 얼마나 잘못된 방식이었는지를 보여주고 있다.

경기도는 2021년 2월 작년에 이어 전도민을 상대로 2차 재난지원금을 지급하였다.

이재명은 경기도 2차 재난지원금 지급을 결정하면서 페이스북에 다음과 같은 입장을 발표했다.

"재난지원금 미시행은 재정 문제 때문만은 아니다. 일반적으로 '가난한' 지방정부는 재난지원금 지급 못 할 정도로 재정이 열악한 지방정부와는 다르다. 재난지원금을 지급하느냐 마느냐는 예산 부족의 문제라기보다는 정책의 필요성과 예산 우선순위에 대한 '정치적 결단의 문제'이다. 경기도는 서울과 함께 정부의 재정 지원을 받지 않는 불교부단체이다."라고 했다.

내가 볼 때 정부의 선별재난지원금은 매우 큰 패착이었다고 생각한다. 세금을 내는 절대다수 직장인의 불만을 샀으며, 받아야 할 사람이 못 받고, 받지 말아야 할 사람이 받는 불평등을 초래했다. 그야말로 돈 쓰고도 욕을 먹은 것이다. 비록 이재명이 처음 시작한 정책이라도 그것이 효과적이라면 정부는 그 정책을 과감히 써야 했다. 지금 홍남기의 기재부는 이재명의 보편적 재난지원금만큼은 절대 할 수 없다는 고집을 부리는 것으로밖에 안 보인다. 그럴수록 문재인 대통령의 지지율은 떨어지고, 민심은 사나워진다. 늦었지만 지금이라도 홍남기를 경질하는 것이 옳다고 생각한다.

04

선별지원이 갖고 온
보궐선거 참패

2021년 서울시장, 부산시장 보궐선거 참패는 내가 지금까지 겪어왔던 선거 중에 최악의 패배였다. 이렇게 엄청난 득표율의 차이로 진 것은 처음이었다.

2022년 대선을 앞두고 패배한 것이기에, 어쩌면 민주당 처지에서는 다행일지도 모른다. 왜 졌는지 제대로 분석하고, 처방한다면 내년 대선에서는 다시 승리할 수 있기 때문이다.

패배한 입장에서 돌이켜 보면 그 원인은 수만 가지가 있을 것이다. LH 사태로 인한 공직자들의 부패를 빼놓을 수 없을 것이다. LH 사태의 출발이 된 직원은 문재인 정부에서 임명한 직원이 아니었음에도 그 책임은 정부와 여당이 져야 했다. 이들이 공개되지 않은 정보를 이용해 개발 예정지에 땅을 사들여서 시세 차익을 얻은 것은 비단 문재인 정부에서만 일어난 일이 아니다. 국민도 바보가 아닌 이상 문재인 정부에서만 일어난 일이라고 생각하지도 않았을 것이다. 하지만 정부와 여당은 해결되지 않은 모든 적폐에 대한 무한책임을 져야 한다. 그 책임을 지고 싶지 않다면 계속 야당 하면 되는 것이다. 이명박 박근혜 정부 때는 더했다는 변명은 그래서 구차해질 수밖에 없는 것이다. '적폐청산'을 기치 들고 출범한 것이 문재인 정부 아니던가. 임기 4년 동안 LH 내부에 켜켜이 쌓여 있는 폐단을 제거하지 못한 것은 문재인 정부의 책임인 것이다.

패인 중 여러 가지 중에서도 정부와 여당의 뼈아픈 실책, 속된 말로 똥볼을 찬 것은 재난지원금의 선별지급이었다. 2차, 3차, 4차까지 진행된 선별지급을 통해 쏟아부은 돈은 자그마치 20조 원이 넘는다. 하지만 20조 원에 달하는 돈을 쓰고도 민심을 얻기는커녕 욕만 처먹고 결국 민심이 돌아서는 데 역할을 했다.

사람들은 누구에게나 욕망이 있다. 때론 정의감에 그 욕망을 억제하면서 사회적 정의를 이루는 데 힘을 보탠다. 5.18민주화운동, 87년민주화투쟁, 박근혜 탄핵 촛불투쟁 등에서는 개인의 욕망 실현보다는 국가 전체의 민주주의 제도 복원에 온 국민이 동참했다. 그런 국민의 열망 속에서 탄생한 것이 문재인 정부이다. 그리고 문재인 정부의 개혁에 힘을 실어주기 위해 지난 총선에서는 180석을 몰아주었다. 하지만 문재인 정부의 개혁을 향한 입법 활동은 지지부진하다. 이런 속에서 많은 실망을 했다. 과반이 안 되거나, 넘거나, 압도적이거나 정부와 여당이 할 수 있는 역량이 똑같다면 뭐 하려고 압도적인 지지를 보내준단 말인가. 180석의 힘을 제대로 보여준 적이 제대로 없다. 이 문제에 대해서는 다른 페이지에서도 다루게 될 것이다.

문재인 정부는 시작부터 과정은 공정할 것이라고 얘기했다. 그런데 LH 사태는 여전히 과정조차 제대로 공정하지 못하다는 인식을 하게 했다. 하지만 LH 사태가 2030 세대들의 이탈을 갖고 온 최대 원인이라고는 생각지 않는다. 소상공인에게 두텁게 지급하겠다는 재난지원금의 선별지급이 그들을 돌아서게 한 최대 원인이었다.

선별지급은 필연적으로 공정성의 시비에서 벗어날 수가 없다. 매출이 10억이던 자영업자가 1원이라도 매출이 줄어들면 지원 대상이 되고, 매출이 2천만 원 정도에 불과한 적자이던 자영업자가 단돈 1원이라도 매출이 증가되었다면 지원대상에서 제외되었다. 3차에서는 지원대상이었는데 4차에서는 지원대상에서 제외된 자영업자들의 불만도 폭발했다.

여기에 꼬박꼬박 월급에서 세금을 내왔던 정규직 직장인들은 세금은 자신들이 가장 정직하게 내는데 늘 정부의 지원에서는 역차별을 당한다는 불만이 생길 만도 했다.

사람들은 불공정보다 불이익에 더 크게 반응을 한다. 재난지원금의 선별지급은 불공정하다고 생각하는 것에 더해서 불이익을 받고 있다는 생각을 하게 만들었다.

선별지급을 통해 민심을 달래는 일은 처음부터 불가능한 일이었다. 1차 재난지원금처럼 전국민에게 보편적으로 지급해서 자영업자들의 매장에서 소비할 수 있도록 지역화폐로 지급했다면 불공정 불이익의 시비에서 벗어나게 될 수 있었을 것이다. 그리고 결국 보편지급이 자영업자들의 매출로 이어져 자영업자들의 수입도 늘어나게 된다는 것은 증명이 되었다. 오죽하면 자영업자들마저 4차 재난지원금 지급방식을 두고 지역화폐를 통해 보편지급해줄 것을 정부에 건의했겠는가. 그런데도 세 번에 걸쳐 정부와 여당은 실기했다.

이낙연은 이재명이 주장하고, 이재명이 경기도에서 실천하고 있는 보편지급과는 반대로 가야 한다는 똥고집 때문에 국민의 대다수가 반대하는 선별지급을 세 번이나 강행한 것이라는 의심을 받을 만하다. 이재명과의 차별화를 통해서 대권 경쟁에서 유리한 고지를 선점하려다가 선거도 망치고, 자신의 정치적 위상 또한 타격을 받은 것이다.

선별지급을 통한 민심이반은 정반대로 보편지급을 통한 민심수습의 기회였는데 참으로 안타까운 장면이었다. 아이들의 보편적 무상급식을 반대하며 선별 급식을 주장하다가 쫓겨난 오세훈이 이번에는 재난지원금의 보편지급을 반대하면서 선별지급을 강행했던 이낙연과 정부 그리고 여당의 실책에 힘입어 다시 서울시청으로 출근하게 된 것은 아이러니가 아닐 수 없다.

이재명은 2차 재난지원금이 선별지급으로 가닥을 잡을 때인 2020년 9월 6일 자신의 페이스북에 선별지급이 갖고 올 파장을 다음과 같이 우려했다. 그리고 이재명의 우려대로 분열에 따른 갈등과 혼란, 배제에 의한 소외감, 문재인 정부와 민주당, 나아가 국가와 공동체에 대한 원망과 배신감이 불길처럼 퍼져나가 선거 참패의 결과로 나타났다.

〈미안합니다.〉

젊은 남편이 너무 살기 힘들어 아내와 함께 결혼반지를 팔고 돌아와, 반대쪽으로 몸을 돌리고 밤새 하염없이 우는 아내의 어깨를 싸안고 같이 울었다는 글을 보았습니다. 짧은 글을 읽는 동안 어느새 제 눈에서도 눈물이 나네요.

그러나 이 젊은 부부와 같이 갑자기 사정이 나빠진 사람은 이번 지원의 대상이 못될 가능성이 높습니다.

분열에 따른 갈등과 혼란, 배제에 의한 소외감, 문재인 정부와 민주당, 나아가 국가와 공동체에 대한 원망과 배신감이 불길처럼 퍼져가는 것이 제 눈에 뚜렷이 보입니다.

적폐세력과 악성 보수언론이 장막 뒤에서 회심의 미소를 지으며 권토중래를 노리는 것도 느껴집니다.

"불환빈 환불균"

2,400년 전 중국의 맹자도, 250년 전 조선왕조 시대에 다산도 '백성은 가난보다도 불공정에 분노하니 정치에선 가난보다 불공정을 더 걱정하라'고 가르쳤습니다.

하물며, 국민이 주인이라는 민주공화국에서 모두가 어렵고 불안한 위기에 대리인에 의해 강제당한 차별이 가져올 후폭풍이 너무 두렵습니다.

어쩔 수 없이 선별지원하게 되더라도 세심하고 명확한 기준에 의한 엄밀한 심사로 불만과 갈등, 연대성의 훼손이 최소화되기를 간절히 바랍니다.

결혼반지를 팔고 밤새 울었다는 그 젊은 부부에게 지금은 하나 마나 한 얘기겠지만 '그래도 내일은 해가 다시 뜬다'는 말씀을 꼭 드리고 싶습니다.

저도 잠이 안 오네요. 미안합니다.

05

기본소득이
필요한 이유

지난 2017년 민주당 대선후보 경선 때부터 지금까지 이재명은 기본소득 도입을 주장하고 있다. 시간이 흐르는 사이 이재명의 기본소득은 정치사회적 논쟁의 주된 관심사가 되었으며, 이재명의 정책도 정교해지고 있다.

대한민국은 세계 어떤 나라보다 디지털화가 빠르게 진행되고 있다. 인터넷 보급률은 세계 최고이며, IT산업은 세계를 선도하고 있다. 하지만 대한민국의 산업 성장이 대기업 주도로 이루어지고 있는 것은 오래된 숙제이기도 하다.

반도체, 자동차, 조선, 철강, 가전 등은 세계 굴지의 글로벌 기업들과의 경쟁에서도 강력한 경쟁력을 갖고 있다. 하지만 중소기업의 성장은 대기업의 성장에 비해서 발전이 더뎌지고 있다. 그러다 보니 세계 그 어느 나라보다도 자영업 비중이 높은 나라이며, 자영업 중에서도 요식업의 비중이 월등히 높다.

한국은 그 어떤 나라보다도 AI가 접목된 산업의 발전이 빠르게 진척되고 있다. 외국인들이 한국에 오면 10년 이상은 앞선 미래에 와 있다는 느낌을 받는다고 한다.

AI를 포함한 IT 기술을 바탕으로 한 관리 시스템은 필연적으로 사람이 차지했던 일자리를 줄어들게 했다. 고속도로 톨게이트마다 고용되었던 요금을 받던 노동자는 하이패스가 일반화되면서 일자리를 잃게 되었고, 건물마다 있던 요금을 받던 주차 관리원도 무인 요금정산기의 폭넓은 보급으로 인해 일자리를 잃게 되었다.

21세기 이전에는 매출의 규모에 비례해서 고용되는 노동자의 숫자도 증가했으나, 21세기 이후에 접어들면서는 매출이 아무리 늘어도 더이상 고용을 늘리지 않아도 생산량을 충분히 유지할 수 있게 되었다.

그럼으로써 대한민국의 대기업들은 막대한 수익을 내고 있음에도 불구하고 더이상 새로운 투자처를 찾지 못해 엄청난 현금을 사내보유금으로 쌓아놓고 있다. 상위 10개 기업이 쌓아놓고 있는 사내보유금은 대한민국의 1년 예산에 버금갈 정도이다.

대기업의 엄청난 수익으로 인해 대한민국의 GDP는 해마다 빠른 속도로 올라가면서 부자나라가 되어 가고 있으나, 대한민국의 절대다수의 삶은 크게 나아지지 않고 있다.

대한민국의 2020년 1인당 GNI는 30,000 달러를 넘고 있으나, 대한민국에서 중소기업 이하에 다니거나 자영업을 하고 있는 사람들의 평균수입은 월 200만원을 겨우 넘기고 있는 현실이다. 미성년자나 부양해야 할 부모 중 한 사람이 있는 3인 가정을 평균으로 보면 월 300만 원으로 3인 가족이 생활을 해야 한다.

대한민국의 평균 GNI로만 보면 3인 가족의 평균 수입은 8백만 원은 되어야 하지만, 현실은 그에 비해서 500만 원이나 부족하다. 더 심각한 것은 시간이 갈수록 이 차이가 더 벌어지리라는 것이다. 국가는 부자나라가 되어있지만, 절대다수의 서민들은 최저임금의 아르바이트 자리도 구하지 못해 일자리를 찾아 헤매는 것이 현실이다. 양질의 일자리가 턱없이 부족한 것이다.

고용 없는 성장의 시대에 대기업들이 엄청나게 쌓아놓은 사내보유금을 풀어서 고용을 창출할 것을 요구하는 것은 이미 무리이다. 돈을 많이 벌었다고 해서 비효율적인 고용을 유지하거나, 늘리라고 하는 것도 설득력이 떨어진다.

하지만 지금 이렇게 벌어진 소득격차를 해소하지 않는다면 더 이상 소비 여력이 없는 사람들로 인하여 대한민국의 내수시장은 붕괴된다. 대한민국의 내수시장이 붕괴된다고 해도 당장 글로벌 기업이 된 대기업은 결코 망하지 않는다. 이들의 매출 중 국내 매출이 차지하는 비중이 그리 높지 않기 때문에 대한민국의 내수시장이 붕괴된다고 해서 대기업의 매출 위기가 바로 나타나는 것이 아니다. 여전히 세계는 넓고 팔 수 있는 물건은 많기 때문이다.

자본에는 국경이 없다고 한다.

미국 현지에 공장이 있는 현대자동차와 한국에 공장이 있는 쉐보레가 있다. 미국 현지에 있는 현대자동차와 한국에 있는 쉐보레 중 우리 대한민국에 실질적인 도움을 주는 자동차 회사는 어디 있겠는가? 미국 현지에 있는 현대자동차는 미국인 노동자를 고용하고, 거기서 벌어들인 수익 일부를 미국에 세금으로 낸다. 그 반대로 한국에 진출해 있는 쉐보레는 한국의 노동자들을 고용하고 거기서 벌어들인 수익 일부를 한국에 세금으로 낸다.

세계 각국은 외국의 자본을 유치하기 위하여 치열한 로비를 펼친다. 한국의 어떤 기업은 외국으로 진출을 하고, 외국의 어떤 기업은 반대로 한국에 들어온다. 자본은 국경 없이 그들의 수익을 극대화할 수 있는 장소로 움직인다.

한국의 국민 중 절대다수가 구매력을 잃게 된다면, 글로벌 기업들은 필연적으로 구매력을 지닌 나라로 진출을 하게 되는데, 구매력을 지닌 나라들은 자국에 생산 기지를 만들 것을 요구하게 된다.

기본소득은 전국민의 수입을 늘려서, 구매력을 잃은 서민들에게 구매력을 강화시키는 일을 하게 한다. 그래서 대기업뿐만 아니라 많은 중소기업이 안정적으로 국내에서 매출을 일으킬 수 있는 기초를 다지게 한다.

하지만 기본소득을 실현하기 위해서는 소득이 증가한 계층에 대한 확실한 증세가 필요하다.

이재명은 기본소득의 실현을 위한 증세에서 첫 번째로 법인세를 더이상 깎아주지 않고 걷는 것과, 더 나아가 법인세율을 유럽 선진국처럼 늘리는 것부터 시작하려고 한다. 법인세뿐만 아니라 근로소득에 대해 엄격한 세금을 부과해야만 하는 것은 당연하다.

법인세율을 높이거나 깎아주지 않는다고 하면, 우리나라는 해당 사항도 안되는 사람들이 보수언론의 논조에 포획되어 반대하는 이상한 현상이 나타난다. 미국에서는 몇 몇 영향력 있는 상위 1%의 자산가들이 법인세 및 부자 증세를 줄기차게 요구했다. 다시 말해 자신들은 돈을 많이 벌고 있으니 세금을 더 내겠다는 것이다. 그런데 우리나라 부자들은 지금 내는 세금도 많다면서 엄살을 떨고 있다.

미국의 바이든 정부는 마침내 2021년 4월 29일 절대 낙수효과는 없다면서 "이제 재계와 미국 내 상위 1% 부자들이 공정한 몫을 부담해야 할 때가 됐습니다."라면서 연간 4억 4천만 원 이상 버는 고소득자의 소득세 최고세율을 37%에서 2.6% 포인트 올리고 주식이나 부동산 매각으로 연 11억 원 이상의 자본이득에 대해서는 최고세율을 현재 20%에서 39.6%로 2배 올리기로 했다.

중산층에는 어떤 세금도 올리지 않을 것이며 상위 1% 수퍼 부자들에 대한 증세를 선언했다.

그래서 3, 4세 어린이집 무상교육, 2년제 지역 전문대학 무상교육, 보육 지원 확대, 가족 돌봄 유급 휴가 확대 등에 투입할 방침이다.

상위 1% 수퍼부자에 대한 세금 인상은 이미 이재명도 주장한 것이다. 틈만 나면 미국의 정책을 찬양하면서 미국이 하는 대로 하고 싶어 하는 대한민국 언론들이 우리도 이렇게 해야 한다고 보도해주길 바란다. 하지만 우리의 언론들은 그럴 리가 없다.

두 번째는 소득이 있는 곳에 세금이 있다는 확실한 세금 정책이 있어야 한다. 금융소득(주식, 예금)에 세금을 부과하는 것에 대해서는 많이 익숙해 있다. 하지만 토지 건물 등에 세금은 턱없이 부족하다.

땅값이 오르고 아파트 가격이 천정부지로 치솟을 때 더 부담해야 할 세금은 그만큼 따라가지 못하고 있다. 부동산 투기의 광풍을 일으킨 원인도 결국 부동산의 가치가 올라도 부담해야 할 세금이 약하기 때문이다.

10억에 산 아파트가 20억이 되었는데도 자산세가 일이백 올랐다고 세금 폭탄을 맞았다며 아우성치고 있다. 엄밀히 말하면 10억의 불로소득이 생긴 것이고, 불로소득의 세율은 50%이다. 로또 복권을 사서 1등에 당첨되면 불로소득이라 해서 50%의 세금을 걷어가면서, 아파트에 투기하여 얻은 불로소득에 대해서는 왜 그렇게 세금을 부과하지 않는 것일까.

모든 부동산 개발로 인한 개발수입의 혜택을 전국민이 골고루 누릴 수 있도록 정확한 징세가 필요하다. 그렇게 하면 전국민 기본소득이 결코 이룰 수 없는 꿈만은 아닐 것이다.

이재명은 이렇게 마련된 재원으로 전국민에게 월 50만 원 정도의 기본소득을 주고 싶어 한다. 물론 지금 당장 할 수는 없을 것이다. 수퍼 부자의 저항을 뿌리치고 그들에 대해 증세를 해야만 가능하다. 그래서 월 5만 원이 되든 10만 원이 되든 그 시작을 하겠다는 것이다. 월 10만 원만 주어도 3인 가족 기준으로 30만 원의 가게 수입이 늘어나게 된다. 그리고 그 돈을 지역화폐를 통하여 지급하게 된다면 소상공인의 매출도 늘어나게 되는 것이다.

중산층 이하 가정에는 수입이 증가하고, 소비가 늘어나니 경제는 활력이 생기고, 그로 인해 다시 국가의 세수도 늘어나는 효과가 나타날 것이다.

06

기본소득 목적
기본소득토지세

이재명은 2016년 대선 때부터 '국토보유세'를 외쳐왔다. 국토보유세는 일종의 부유세이기도 하다. 국민소유의 국토를 점유하고 있는 사람들에게 세금을 걷겠다는 것이다. 여기서 나온 재원으로 이재명 하면 떠 오르는 기본소득을 시행하겠다는 것이다.

국토보유세의 근간이 되는 토지공개념은 노태우 정권에서 처음 도입되었다. 1980년대 후반 도시화와 산업화로 인한 고도성장기를 맞아 전국적으로 토지투기 문제가 심각하게 등장하면서 부동산문제로 인한 계층 갈등이 매우 심화 되기에 이르렀다. 또한 부족한 토지공급문제를 해결하는 것이 가장 중요한 과제로 인식되면서 토지의 공공성 확보 문제가 주요쟁점으로 나타났다. 노태우 정권은 이러한 문제를 해결하려는 방안으로 토지공개념

제도를 도입하였다. 구체적으로 택지소유상한제, 개발이익환수제, 토지초과이득세 등의 토지3법이 마련되었다.

택지소유상한에 관한 법률(1989.12.30. 법률 제4171호), 개발이익환수에 관한 법률(1989.12.30. 법률 제4175호), 토지초과이득세법(1989.12.30. 법률 제4177호) 등의 3개 법률이 토지공개념으로 도입되어 법제화되었다.

하지만 택지소유상한제법은 1998.4.29. 헌법불합치 판정, 개발이익환수제법은 1998.6.25. 개발부담금에 대한 지가산정에 대한 위헌 판결, 토지초과이득세법은 1994.7.29. 헌법불합치 판정을 받았다. 따라서 택지소유상한제법 폐지(1998.9.19. 법률 제5571호), 개발이익환수제법 개정(1998.9.19. 법률 제5572호), 토지초과이득세법 폐지(1998.12.28. 법률 제5586호) 등 토지공개념 3개 법률의 개정 및 폐지로 나타났다.

노태우 정권에서 도입된 토지공개념 3법은 시행 후 10여 년 만에 대부분 폐지되거나 핵심사항이 개정되면서 법률은 사실상 소멸되고 말았다.

하지만 이재명은 성남시장 시절 대장동 공공개발을 통하여 꺼졌던 토지공개념에 불씨를 살려냈다. 대장동을 공공개발하는 것은 물론이고, 개발이익을 시민들에게 현금으로 돌려주려는 정책까지 추진하려 했다. 성남시장 시절 대장동을 통하여 성과를 낸 이재명은 이 정책을 경기도는 물론 전국으로 확산시키려는 계획을 세우고 있다.

이재명의 핵심정책인 전국민 기본소득의 재원으로 구상하고 있는 것이 '기본소득토지세'이다. 기본소득토지세는 법을 신설해야 한다. 현재 우리나라의 주택, 토지에 대한 보유세 실효세율이 낮으며, 매매거래 과정에서 보유세를 매도자에게 전가, 개인 및 법인의 부동산 투기 심화를 부추기고 있다는 것이 이재명의 생각이다.

매매가 이루어져 시세차익이 발생할 때 한하여 징수하는데, 이마저도 장기 보유를 했을 경우 대폭 삭감되고 있다. 매매 거래가 이루어질 때만 발생하는 보유세에 대신에 기본소득토지세를 신설해서 공정한 세금 징수와 부동산 투기 차단을 동시에 이루겠다는 것이다. 이를 통해 징수한 기본소득토지세 전액을 전국민에게 '토지배당' 형식으로 기본소득화 한다는 것이다.

토지와 건물을 사고파는 과정에서만 양도세, 취득세가 발생하는데, 양도세, 취득세에 대한 세율은 내려서 거래를 활발하게 하고, 현재 실시되고 있는 거래가격의 투명성을 통해서 공시가격을 실거래가격에 맞춰 산정하고, 고시가격에 부과되는 재산세율을 높인 '기본소득토지세'로 거둬들인 증세분은 전액 지역화폐를 통해 전국민에게 균등하게 환급하자는 것이다.

이재명은 2020년 7월 9일 자신의 페이스북에 〈부동산 대책 제3은 투기용 부동산의 증세와 기본소득토지세 도입〉이라는 제목으로 다음과 같은 의견을 냈다.

집값 폭등을 포함한 부동산문제는 토지의 유한성에 기초한 불로소득(지대) 때문이고, 지대는 경제발전과 도시집중으로 늘어날 수밖에 없습니다.

이 불로소득은 없앨 수도 없고 없앨 이유도 없으며 헌법에도 토지공개념이 있으니 조세로 환수해 고루 혜택을 누리는 것이 합당합니다.

지금의 부동산문제는 과잉유동성, 정책왜곡과 정책신뢰상실, 불안감, 투기목적 사재기, 관대한 세금, 소유자 우위 정책 등이 결합된 심각한 사회문제입니다.

거래허가제나 대출 및 거래 규제 등 불로소득증가 억제조치는 단기효과는 몰라도 장기적 근본대책이 되기 어렵고 풍선효과를 수반합니다.

따라서 자유로운 거래를 허용하되 필연적으로 발생 증가하는 불로소득을 부동산세(취득 보유 양도세)로 최대한 환수해야 합니다. 실거주용 1주택은 통상적 수준의 부동산세 부과와 조세감면으로 일부 불로소득을 허용하되 그 외 비주거용 주택이나 법인의 비업무용 부동산 등은 불로소득을 대부분 회수하여 투자나 투기가 불가능하도록 강력하게 증세해야 합니다.

저항이 있는 증세를 성공하려면 증세가 징벌 아닌 납세자

이익이 되도록 설계하고 또 납득시켜야 합니다. 민주국가에서 조세는 전액 국민을 위해 쓰이므로 나쁜 것이 아니지만, 낭비나 부정부패에 따른 불신으로 세금은 내는 만큼 손해라는 불신이 팽배합니다.

이 불신을 줄이려면 세금이 납세자를 위해 전적으로 쓰이고 대다수 국민은 내는 세금보다 받는 혜택이 더 많음을 체험해야 합니다. 이미 재난기본소득(재난지원금)에서 체험한 것처럼 정책목표를 위한 세금을 걷어야 한다면 써서 없앨 것이 아니라 국민소득과 소비로 연결시켜 복지와 경제 활성화 두 마리 토끼를 동시에 잡는 지역화폐형 기본소득으로 전액 지급하는 것이 최선입니다.

개인토지소유자 상위 10%가 전체 개인토지의 64.7%를, 법인토지소유자 상위 1%가 전체 법인토지의 75.2%를 소유할 정도(2014년)로 토지불평등이 심각한데, 부동산증세액을 공평하게 환급하면 소득분포상 국민 90% 이상이 내는 세금보다 혜택이 더 많게 됩니다.

단기소멸 지역화폐로 환급하면 소비 매출과 생산 및 일자리 증가로 경제가 활성화되고, 경제활성화 이익은 대부분 고액납세자에 귀속되므로 조세저항은 매우 적을 것입니다.

우리나라는 복지지출이 OECD 평균인 22%의 절반(11%)에 불과한 저부담 저복지 국가이고, 국민 가처분소득 중 정부이

전소득(세금으로 지원받는 현금복지)이 OECD 평균(21.4%)의 ⅙에도 못 미치는 3.6%(2009년)입니다.

중부담 중복지를 거쳐 고부담 고복지 사회로 가려면 어차피 증세로 복지를 늘려야 하므로 늘어날 복지지출의 일부를 경제효과가 큰 지역화폐형 기본소득으로 지급하면 저항 없이 증세와 복지확대를 실현시킬 수 있습니다.

건물은 사람이 만들지만, 토지는 한정된 자원으로 국민 모두의 것이니 기본소득목적 국토보유세(기본소득토지세)는 건물 아닌 토지(아파트는 대지 지분)에만 부과됩니다. 현재 토지세는 재산세와 종부세로 토지가액의 0.16% 정도를 내는데, 비주거주택 등 투기투자용 토지는 0.5%~1%까지 증세하되 증세분 전액을 지역화폐로 전국민 균등환급합니다. 시뮬레이션 결과 국민 96%는 토지세를 아예 안 내거나 토지가 있지만 내는 토지세보다 환급금이 더 많습니다.

결국, 기본소득토지세는 토지 불로소득 환수로 부동산투기 억제, 조세조항 없는 증세와 복지확대 및 불평등완화, 일자리와 소비축소로 구조적 불황이 우려되는 4차산업혁명시대에 소비확대를 통한 경제활성화 등 다중복합효과를 가집니다.

기본소득토지세의 전국시행이 어렵다면 세목과 최고세율(재산세와 종부세를 합한 0.5~1% 이내)을 지방세기본법에 정한 후 시행여부와 세부세율은 광역시도 조례에 위임하면, 경기도가 선도적으로 시행하여 기본소득토지세의 부동산투기억제, 복지확대, 불평등완화, 경제활성화 효과를 직접 증명해 보이겠습니다.

오해할 수 있어 첨언하면, 주택은 주거용 필수품이고 부동산세 중과는 투기투자자산에 한정해야 하므로 무주택자의 실거주용 매입과 실거주 1주택은 중과세에서 당연히 제외해야 합니다.

위기를 기회로 만드는 것이 진짜 실력입니다.

지금의 부동산 대란 위기를, 공정하고 충분한 부동산 증세와 기본소득으로 망국적 부동산 투기의 원천봉쇄, 복지확대와 경제회생, 4차산업혁명시대 모범적 k-경제의 길을 여는 기회로 만들기 바랍니다.

07

서민 빚 탕감
프로젝트

세상일이란 게 아무리 열심히 해도 뜻대로 되지 않을 때가 많다. 열심히 한다고 해서 다 성공한다면 얼마나 좋겠는가. 물론 누가 봐도 엉망진창으로 일하다가 실패하는 사람도 있을 것이다. 여기저기서 계획없이 대출을 해서 사업을 시작하고는, 하려던 사업은 하지 않고, 명품 소비를 하거나, 유흥비로 탕진하는 경우도 많을 것이다. 하지만 대부분의 경우 일은 열심히 했으나, 그의 능력 밖의 일을 벌였거나, 변화되는 사회의 트렌드를 쫓아가지 못해서 망할 때가 많다.

채무자가 은행에서 돈을 빌려서 사업을 하다가 망하면, 그 손해는 고스란히 은행의 손실로 남게 된다. 물론 채무자는 신용불량자가 되어 그 대가를 혹독하게 치르게 된다. 전적으로 채무자의 책임이다. 하지만 제대로 심사도 하지 않은 채 대출을 해준 은행의 책임도 작다고 할 수 없다.

채무자의 재산이 거의 없고, 수입이 없게 되면 은행은 그 돈을 회수할 수 없게 된다. 채무자가 재기해서 빌려 간 돈을 갚기를 기다리는 수밖에 없다. 하지만 아무리 기다려도 부실채권을 회수할 가능성이 없을 때가 있다.

누구나 다 알다시피 소득이 전혀 없어 5년 동안 갚지 못하게 되면 소멸시효가 생겨 더이상 은행은 채무자에게 채무변제를 요구할 수 없게 된다. 물론 소득이나 재산이 있는 경우, 의도적으로 연락을 피하는 경우 등은 소멸시효를 연장할 수 있다. 금융회사들은 소멸시효가 완성되기 전 법원에 지급명령 등을 신청해서 소멸시효를 연장했다.

소멸시효가 완성된 부실채권을 은행은 채권추심업체에 헐값에 매각하는 경우가 많았다. 채권추심업체는 이미 소멸시효가 완성된 채권을 헐값에 구입해서, "왜 돈을 빌려가서 안 갚느냐, 성의를 보여라." 하면서 단돈 1만 원이라도 상환하라고 윽박지른다. 그러면 법지식도 부족하고 마음 약한 채무자는 1만 원이라도 상환하는 때도 있는데 이런 경우 채무자는 안 갚아도 되는 채무의 소멸시효가 부활하게 되어 빚의 굴레에서 헤어나지 못하는 경우가 발생한다.

2015년 8월 26일 오마이뉴스에 다음과 같은 기사가 실렸다.

"저는 아직 어려서 제 이름으로 오는 편지를 보면 반가웠어요. 제게 빚을 갚으라고 보낸 편지라는 건 몰랐어요. 아빠가 빚을 남기고 돌아가셔서 우리에게 유산으로 남아 엄마가 힘들어해요."

3살 때 죽은 아버지에게 카드빚 4,500만 원을 물려받은 초등학교 1학년 이아무개 군이 법원에 제출한 파산면책 진술서 일부다. 이군은 오른손을 못 쓰는 장애인 어머니와 초등학교 5학년인 누나와 함께 기초생활수급자로 살면서도 7년 동안 카드빚 독촉에 시달려야 했다.

이들은 다행히 서울시 금융복지상담센터 도움으로 파산면책을 받았다. 이처럼 지난 2013년 6월부터 지난해(2014) 8월까지 15개월간 파산 면책된 사람은 321명, 부채 규모로는 580억 원에 이른다. 서울시에 이어 경기도 성남시에도 지난 3월 금융복지상담센터가 문을 열었고 3개월 만에 100억 원 넘는 파산면책을 신청했다. 이재명 성남시장이 지난해 9월 '99%를 위한, 99%에 의한 빚 탕감 프로젝트(한국판 롤링 주빌리)'에 동참한 게 계기가 됐다.

'롤링 주빌리'는 일정 기간마다 빚을 탕감해 주던 성경 속 '희년'을 뜻하는 말로, 지난 2012년 미국 '오큐파이 월스트리트(월스트리트를 점령하라)' 운동 당시 155억 원어치의 부실채권을 매입해 탕감해 준 데 이어, 지난해엔 대학생 학자금 채권

40억 원어치를 소각했다.

　한국에서도 사단법인 희망살림이 이어받아 지난해 4월 처음으로 117명의 빚, 4억 6,700만 원어치를 소각해 화제가 됐다. 여기에 성남시가 기름을 부었다. 지난해 4월부터 8월까지 3차례에 걸쳐 소각한 부실채권 규모는 260여 명, 16억 원어치 정도(채권 원금 기준)였지만, 지난해 9월 성남시가 가세하면서 792명, 51억 3400만 원어치(2015년 1월 기준)로 급증했다.

　성남시에서 주도해 지역 시민사회단체와 종교계, 기업계까지 모금 운동에 동참한 결과다. 그사이 성남시에서만 3,700여만 원을 모아 486명의 빚 33억 원어치를 탕감했다. 이어 지난 7월에는 성남시기독교연합회에 속한 교회 30여 곳에서 모은 헌금 1억여 원을 기부했다. 이를 기념하려고 성남이 연고지인 프로축구팀 '성남FC'는 '롤링 주빌리'를 새긴 유니폼을 입고 뛰고 있다.

　소멸시효를 넘겨 7~10년 넘게 장기 연체한 부실채권은 수차례 손바꿈을 하면서 원금의 1~3% 수준까지 떨어진다. 하지만 채권자는 여전히 채무자에겐 원금 100%에 가까운 상환을 요구한다. 이 과정에서 채무자 본인이 사망한다고 빚 독촉이 멈추는 건 아니다. 심지어 카드빚 14만 원을 돌려받겠다고 채무자가 사망한 지 5년 넘게 독촉한 사례도 있다.

이재명은 성남시장 때부터 부실채권의 불법추심에 관심을 갖고, '서민 빚 탕감 프로젝트'를 진행해왔다. 경기도 지사가 되어 업무를 보게 된 2018년부터 지금까지 채권 소각에 적극 나서왔다.

2021년 4월 1일 경기신용보증재단은 코로나19 사태로 경제적 어려움을 겪고 있는 경기도 내 기업인, 소상공인의 채무를 역대 최대 규모로 탕감한다고 발표했다.

경기신보는 올해 4천586명의 채권 461억8천300만 원을 소각하기로 했다. 지난해보다 20억8천900만 원을 더 소각하는 것이다. 혜택을 보는 채무 관계자도 1천500명 늘어난다.

당초 상반기 채권 소각은 6월 말께 진행하려고 했지만 시기도 3개월 앞당겼다. 이번 채권 소각이 이뤄지면 경기신보가 소각하는 채권 규모는 모두 1천821억4천100만 원이 된다. 8천466개 업체 1만5천387명이 상환하지 못했던 오랜 빚 부담으로부터 자유로워지는 것이다.

이를 통하여 금융 취약계층이 빚 부담으로 겪는 악순환의 고리를 끊고 누구나 재기할 수 있는 공정한 금융 환경을 조성하기 위한 것이다.

어떤 사람들은 빚을 탕감해 주는 것에 대해서 도덕적 해이를 갖고 온다고 하면서 반대하고 있지만, 그들이 사회 구성원으로서 제대로 경제생활을 할 수 있도록 하는 것은 결국 사회 전체에 활력을 불어넣어 주게 될 것이다.

　박원순이 처음 시작하고, 이재명이 따라 한 부실채권 소각을
통한 '서민 빚 탕감 프로젝트'에 더 큰 관심이 기대된다.

08

서민대출의 희망
기본대출

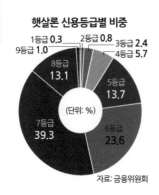

햇살론 신용등급별 비중

1등급 0.3 2등급 0.8 3등급 2.4
9등급 1.0 4등급 5.7
8등급 13.1
5등급 13.7
(단위: %)
7등급 39.3
6등급 23.6

자료: 금융위원회

이재명의 기본 시리즈 중 기본소득과 더불어 가장 많은 관심을 받는 것이 기본대출이다. 대출을 받고 싶어도 대출을 받을 수 없는 사람들이 많기 때문이다.

제1금융권의 2021년 현재 신용대출 금리는 3.54%이다. 하지만 누구나 다 알다시피 신용등급 6등급 이하 국민은 은행에서 돈을 빌릴 수가 없다. 신용등급 6등급 이하 국민은 전국민의 75%를 차지한다. 때에 따라서는 6등급에도 엄격한 심사를 통과하면 대출이 되기도 하는데 7등급 이하는 꿈도 꿀 수 없다. 7등급 이하는 전국민의 53%를 차지한다. 이들은 제2금융권이나 대부업에서 대출을 받는데 은행에서 내는 이자율의 2배에 해당하는 이자를 부담해야 한다. 6등급 이하 등급이 가장 많이 이용하는 대출 상품이 햇살론인데 보통 7~9%의 이자율이다. 그나마 햇살론이라도 이용할 수 있는 사람들은 행복한 사람들이다. 햇살론을 제외한 제2금융권의 신용대출 금리는 10~24%이다. 그나마 이자제한법이 통과되어 20%까지 되어 있지만, 그 이전에 받은 대출에 대해서는 전액 상환하고 다시 대출받지 않는 한 24%의 대출이자를 부담해야 한다. 그만큼 이재명의 기본대출에 대해서 관심이 많을 수밖에 없다.

한국은행은 발권 기능을 갖는 대한민국의 유일한 은행이다. 우리가 쓰는 모든 돈은 한국은행권이다. 대한민국의 경제가 성장한다는 것은 그만큼 대한민국의 한국은행에서 발행한 돈의 액수가 많다는 것이다. 대충 한국의 경제규모가 3% 성장했다고 하면, 한국은행에서 전년보다 3% 정도의 발권을 했다고 보면 된다. 한국의 GDP가 1천조 원이라고 한다면 30조 원 정도를 새로 찍어야 한다. 그런데 30조 원을 새로 발권을 하면, 그 돈을 시중은행에 0.5%의 금리로 공급을 한다. 시중은행은 0.5%에 자신들의 이윤을 더해서 3.5%의 금리로 국민이나 기업에 대출을 해준다. 한국은행에서 새로 발권을 한 돈은 반드시 누군가 대출을 해야만 시중에 그 돈이 도는 것이다.

신용등급이 높은 사람들은 이렇게 해서 해마다 저금리로 대출을 할 수 있는 것이다. 한국은행의 발권으로 인한 혜택은 한국은행이 문을 연 이래 수십 년 동안 신용도가 높은 사람이나, 기업에게만 주어졌다.

이재명의 생각은 왜 이런 발권으로 인한 혜택을 그들에게만 주어져야만 하는 것인가이다.

우리는 지금까지 신용도가 낮은 사람은 높은 금리에 돈을 빌리는 것이 당연한 것이라고 생각해왔다. 그래서 은행들은 연체율이 높은 부류의 사람들에겐 낮은 신용등급을, 연체율이 낮은 부류의 사람들에게 높은 신용등급을 부여해왔다. 그리고 신용도가 높은 사람은 3.5%의 대출금리를, 신용도가 낮은 사람들은 20%의 대출금리를 부담해왔다. 한번 낮아진 신용등급을 회복시키려면 엄청난 노력과 오랜 시간이 필요하다. 신용등급 올리는 것은 어려워도 내려오는 것은 잠깐이다.

이재명은 수입이 적고, 담보가 없다 하여 초고금리를 내는 것이 당연한 것인가라는 질문을 던진다. 대부업체의 회수율이 낮으니 연 24%의 고리를 받는 것이 당연한 것이라고 말하지만, 신용등급이 낮은 이들조차 90% 이상이 연체 없이 고금리의 원리금을 상환하고 있다고 말한다.

여기에서 더 나아가 서민들에게 실시하고 있는 대출인 햇살론을 제외하면 평균 17.9%라면서 이는 복지국가라면 서민의 금융위험을 국가가 책임져야 하는데, 국가마저 고금리로 미상환책임을 국민에게 전가한다고 비판한다. 조선을 망하게 했던 족징, 인징, 황구첨정, 백골징포에 비유하기도 했다.

지금 현재 대부업 대출을 이용하고 있는 사람들은 200만 명 정도이며, 금액은 17조 원에 달하고 있다. 이 중에 10% 정도가 연체된다면 1조 7천억 원 정도가 연체되고 있는 것이다. 어쩌면 이들이 17.9%의 이자가 아닌 3.5%의 이자로 빌렸다면 연체율은 10%가 아닌 1%도 안 되었을 것이다. 신용등급을 맹신하는 세력들은 지금 현재 신용등급이 낮은 사람들은 대출금리가 높든 낮든 연체율이 10%를 유지할 것이라는 허무맹랑한 주장을 하고 있는 것이다.

만일 국가가 대부업을 이용하고 있는 사람들에게 3.5%의 저금리로 대출을 하고, 그중에 연체율 10%를 국가가 부담한다면 어떻게 될까?

20%에 달하는 이자를 지급하고는 성공할 수 있는 사업도 실패할 수밖에 없을 것이다. 사업에 실패하고 신용불량자로 전락하게 되면 이들은 노동력을 상실하게 되고, 복지대상자로 전락하게 된다. 20%에 달하는 금리를 쓰고서라도 일어서려고 몸부림치는 사람들은 복지대상자가 되지 않고 스스로 일어서려고 몸부림치는 사람들인 것이다. 이들을 방치하면 그들은 결국 복지대상자가 되고, 국가는 그들에게 막대한 복지비용을 지출해야 한다.

복지대상자가 되면 그들은 수입이 없어야 복지혜택을 받을 수 있다. 수입이 생기면 복지대상자에서 제외된다. 서민대출 연체비용인 2조 원만 국가가 부담하면, 새롭게 복지대상자로 편입되는 사람들을 획기적으로 줄일 수 있는 것이다. 2조 원은 한국은행이 해마다 발권하는 금액인 30조 원의 겨우 7%이며, 600조 원의 대한민국 예산에 비하면 0.3%밖에 안 되는 금액이다.

대한민국의 국민으로 살게 된다면 평생에 두 번 정도는 1천만 원 한도 내에서 신용등급 1등급이 누리는 3.5% 정도의 대출을 받을 권리를 주는 것이 바로 기본대출이다. 신용등급을 따지지 않고, 심지어 신용불량자로 낙인찍힌 사람들에게조차 대출을 해주는 것이다. 만일 연체를 하게 되면 국가가 그 연체를 해결해주고, 다시 한번 기회를 주는 것이다.

물론 지금 어떤 일이든 일을 해서 수입을 내고 있다는 것을 증명해야 할 것이다. 알바를 해서라도 근로소득이 있다는 것을 증명만 하면 기본 대출권을 부여하는 것이다. 신용불량자라고 하더라도 최소한의 노동의욕이 있다면 대출을 해 줘야 할 것이다.

기본대출을 시행하면 도덕적 해이가 일어나서 연체율이 높아진다고 하는 사람들이 많은데, 그것은 잘못된 것이다. 만일 이렇게 해서 1천만 원 기본대출을 정상적으로 상환을 했다면 신용등급이 올라가서 더 많은 돈을 빌릴 수 있는 기초를 닦게 되기에 연체를 하면서 얻게 되는 이익보다 연체를 하지 않고 정상적으로 상환하는 이득이 막대하기에 긍정적인 효과가 있을 것이다.

1천만 원이 누구에게는 아파트 한평 살 돈의 10%에 불과한 돈이지만, 신용등급 6등급 이하 사람들에게는 구원의 손길이다. 그들은 20%의 고금리 이자율에도 불구하고 겨우 10%의 연체율밖에 안 보이는 정말 성실한 사람들이 90%이다. 만인 이들에게 4%의 저금리로 대출을 해준다면 연체율은 1%도 안 될 것이 확실하다.

1%라면 신용등급 1.2등급의 연체율과 비슷해지는 수준이다. 그들이 신용등급이 낮은 것은 남의 돈을 하찮게 여겨서 그리된 것이 아니다. 태어날 때부터 땅도 없고, 집도 없는 곳에서 태어났기 때문이다. 결코 그들이 1천만 원도 갚을 능력이 없어서 그렇게 된 것이 아니다.

국가는 그동안 수많은 공적 자금을 망해가는 대기업에 투여해 왔다. 그리고 회수율은 50%에도 미치지 못하고 있다. 망해가는 대기업에는 수조 원을 펑펑 쓰면서 200만 서민들에게는 왜 이리 인색했는지 반성해야 할 시점이다.

이재명의 기본대출을 통해 혜택받게 될 사람들이 어림잡아 2천만 명이다. 이들에게 진정 어려울 때 옆에서 지켜주고 응원하는 것이 결국 대한민국이라는 국가라는 것을 증명해야 할 때가 다가왔다.

09

성장을 가로막는
부동산 불로소득

2021년 4월 7일 서울시장 보궐선거에서 민주당의 박영선 후보(39.18%)는 국민의힘 오세훈 후보(57.59%)에게 그야말로 참패했다. 부산은 박형준(62.67%), 김영춘(34.42%)으로 더 충격적이었다.

애초에 민주당 출신 시장의 성추문으로 시작된 보궐선거인만큼 쉽지 않은 선거였다. 이재명은 민주당이 당헌 당규를 수정하면서까지 후보를 내는 것에 반대 의견을 피력했으나, 전당원 투표로 결정된 의견에 전적으로 동의를 했다.

이번 선거에 패배 원인은 민주당 출신의 성추문으로 인한 도덕성의 치명상을 입은 것일 수도 있으나, 많은 사람은 LH 사태로 터진 부동산 이슈가 민주당의 발목을 잡았다고 보고 있다. 상당히 설득력이 있으나, 부동산 이슈만으로는 보기 힘들다. 부동산

이슈 외에 다른 원인에 대해서는 다른 페이지에서 다루기로 하고 여기서는 부동산 이슈만을 다루도록 하겠다.

문재인 정부 집권 이후 전국의 집(아파트)값은 40% 가까이 치솟았다. 이렇게 집값이 치솟을 때 집 없는 많은 서민은 허탈해했을 것이다. 거기에다 집값을 잡겠다고 호언장담하던 문재인 정부의 고위관료들까지 전국의 집값이 오른 것만큼 시세 차익을 올렸다. 그러다 보니 정부의 집값을 잡겠다는 정책이 정말 진실성이 있었는지 의심을 받게 되었다.

여기에는 김현미 국토부 장관이 빚내서 집 사지 말라고 경고까지 했는데, 오히려 집 산 사람은 대박이 나고, 집값이 내려갈 것이라면서 관망하던 사람들에게는 허탈감을 주었다.

기가 막힌 것은 집을 지어 공급해야 하는 LH의 직원들은 개발정보를 미리 빼돌려 개발 예정지의 토지를 매입하고, LH에 수용되면서 엄청난 시세차익을 얻었다는 것이다. 이제 누구 하나 믿을 수 없게 되었다. 정부의 관료들도 부동산으로 돈을 벌고, 공무원들은 개발정보를 이용해 투기했으니, LH 사태는 일종의 게임의 룰을 어긴 것이기에 민심은 더욱 들끓을 수밖에 없었다.

사실 LH 사태는 문재인 정부만의 문제도 아니었다. 수십 년 동안 관행처럼, 암암리에 내려왔던 누적된 적폐이다. 아마 보수정권하에서 이 문제가 폭로되었다면 뭐 그런 일이 있었나보다 하고 당사자만 처벌하고 넘어갔을 것이다. 문재인 정부 하에서 터졌기에 오히려 그 해결책이 나올 수 있는 계기가 된 것이다.

역대 어느 정권이든 집값을 잡겠다고 했으나, 집값을 잡은 정권은 한 번도 없었다. 하지만 민주정부만 들어서면 집값을 못 잡았다고 뭇매를 맞는다.

2020년, 코로나 상황에서도 전 세계의 집값은 폭등했다. 우리나라보다 오히려 더 많이 올랐다. 한국의 집값 상승률은 OECD 국가들의 평균 상승률보다 낮았다. 그렇다고 해서 집값이 폭등한 것에 대한 변명이 될 수는 없다.

그런데 선거 결과의 민심을 보면 의아하지 않을 수 없다. 도둑을 못 잡았다고 회초리를 들면서 정작 도둑에게는 훈장을 준 격이다.

오세훈은 내곡동에 있는 자기 처가의 땅이 개발구역에 편입될 수 있도록 시장의 지위를 이용하여 압력 또는 건의를 했고, 박형준은 해운대에 있는 LCT를 남들은 도저히 할 수 없는 우연한 방법으로 구입해서 투기의혹을 받고 있었다. 실제 박형준의 아내는 부동산 거래(투기로 의심되는)에 있어서 남다른 재능을 보였으며, 아내가 운영하는 조현화랑을 통해서는 국회사무처장 때 엄청난 특혜를 누렸다.

부동산값 폭등에 실망한 서울시민들과 부산시민들이 부동산값 폭등으로 엄청난 시세 차익을 올린 야당 후보들에게 몰표를 주었다. 강남3구에서 보인 엄청난 투표율과 오세훈의 엄청난 득표율을 보면 민심이 정말 부동산을 잡아달라는 것인지, 아니면 부동산을 보유한 사람들은 가격을 더욱 폭등시켜 재산을 늘려달라거나, 재건축을 기다리고 있는 오래된 아파트나 재개발을 기다리고 지역을 하루빨리 민간주도로 재개발을 해서 자신이 가진 부동산을 폭등시켜달라고 주문을 한 것인지 의아하다.

오세훈과 박형준이 당선되자마자 기다렸다는 듯이 아파트 호가가 뛰었다는 것은 시사하는 바가 크다. 이들이 시장이 되었다고 해서 갑자기 그들이 원하는 대로 되지는 않겠지만, 부동산값 폭등을 갈망하는 욕망의 투표를 했다고 의심을 충분히 할만하다.

문재인 정부는 출범 초부터 '소득주도성장'을 주장했으나, 결과만 보고 판단한다면 부동산값 폭등으로 인한 '불로소득주도성장'을 해 왔다는 비판을 면하기 힘들다.

강남의 집값은 40억에서 60억으로 60억에서 80억으로 오른 곳이 수두룩하다. 그런데 그들은 20억의 시세 차익이 난 것에도 만족하지 않고, 종합부동산세가 1,000만 원이나 올라 세금 폭탄을 맞았다고 아우성을 치고 있다. 불로소득 20억을 챙기기도 세금마저 내기 싫다는 그야말로 안하무인이다.

이번 선거를 통해 나타난 부동산값 폭등에 대한 원망, 그리고 부동산값 폭등에 대한 열망을 어떻게 정책으로 다스릴 것인가. 내가 집을 사기 전까진 부동산이 잡혀 있기를 바라고, 내가 집을 산 이후에는 부동산가격이 폭등하길 바라는 인간의 원초적인 욕망 사이에서 민주당은 어떤 정책을 펴야만 할까.

이재명의 부동산 대책의 핵심은 불로소득 차단이다. 대한민국의 성장을 가로막는 가장 큰 원인이 부동산 불로소득이다. 불로소득을 최소화하는 것은 지체할 수 없는 시대적 과제이다.

값이 오른 부동산에 대해서는 세금을 제대로 징수해서 불로소득에는 반드시 중과세가 따른다는 원칙을 지키지 않는다면 부동산값 폭등에 대한 열망을 막을 방법이 없다.

민주당조차 1가구 주택에 대한 재산세 감면, 소득 없는 1주택자에 대한 재산세 감면, 9억 원부터 중과세하는 것을 12억 원으로 올린다든지 등 강남3구의 집 가진 사람들을 위한 정책을 선거 때마다 들고나온다. 아무리 한 표가 급해도 이래서는 안 된다. 재산세는 재산이 평가된 만큼 합당하게 내는 것이 타당하다. 오히려 이른 시일 안에 폭등한 재산에 대해서는 '불로소득세'를 매겨서 재개발이 불로소득으로 이어지지 않는다는 것을 보여줘야 한다.

10

주거권 보장을 위한
장기공공임대주택

아픈 사람이 있으면 마땅히 의료기관을 통해 검진을 받고 치료를 받게 하는 것이 '전국민 의료보험'이다. 전국민 의료보험은 다른 나라보다 늦게 시작했으나, 지금은 그 어떤 나라보다 모범적으로 운용되고 있다.

하지만 전국민이 사람으로서의 존엄을 지키면서 살 수 있는 기본적인 주거권에 대해서는 논의가 제대로 이루어지지 않고 있다. 부동산이 오랫동안 투기세력들에 의해 장악되다 보니, 투기세력들의 영향력이 그만큼 줄어드는 공공임대주택을 건설하는 데 많은 저항이 있었다.

이재명은 2018년 9월 20일 "주거권은 우리가 모두 누려야 할 헌법적 권리이며 국민의 주거권 보장은 국가의 중요한 책무다.

장기간 안정적인 거주가 가능한 주택을 늘리고, 신혼부부와 청년 가구의 주거 진입장벽을 낮추는 등 누구에게나 공정한 경기도, 누구나 살기 좋은 경기도를 열어가기 위해 공공임대주택을 확대하기로 했다."고 밝혔다.

경기도는 이를 통해 2022년까지 공공임대주택 20만 호를 공급한다고 밝혔다. 이렇게 되면 2017년 말 기준 37만6천 호 수준인 도내 공공임대주택은 2022년까지 57만6천 호로 늘어난다.

이재명은 늘 부동산은 사고팔며 이익을 취하는 수단이 아니라 안정적으로 생활하는 터전이 되어야 한다면서 공동주택 분양으로 발생하는 초과 이익을 공공이 환수하고 이를 기금화, 장기공공임대주택 재원으로 활용해야 한다고 말해왔다.

2020년 7월 7일 이재명은 페이스북을 통하여 〈집값 안정책 제2는 장기공공임대주택 확대와 투기수요 축소〉라는 글을 올렸다.

주택은 주거수단이지 투기·투자 수단이 아닙니다. 생필품 아닌 사치품이나 투자자산에 대한 중과세는 모두가 수용합니다.

시장경제에서 집값도 수요공급에 따라 결정되지만, 토지는 생산이 불가능해 불로소득(즉 지대)이 발생합니다.

이 불로소득을 환수하고 주택가격이 적절한 수준을 유지하도록 조정하는 것이 정부 역할입니다. 집값과 수요공급 조정

수단은 금융, 조세, 소유와 사용 제한 제도 등 매우 다양합니다.

사람이 만든 문제는 사람이 해결할 수 있습니다. 해법은 기발한 아이디어나 엄청난 연구로 만들어지는 대단한 것이 아니라 이미 있는 여러 방법 중에서 선택하는 것입니다.

다만 그 선택은 정책결정자가 자신을 포함한 기득권의 반발을 감당할 용기와 결단에 달려 있을 뿐.

집값 안정을 위해서는 국민이 신뢰하는 정확한 정책이 선택되어야 합니다. 적정하게 공급을 늘리고, 투자나 투기용 수요를 억제시켜 실수요자만 주택을 보유하게 하는 것이 핵심입니다.

공급확대 방법으로는 신축공급이 원칙이지만, 투기만발로 주택매집이 성행하는 경우에는 투기투자용 주택이 매물로 시장에 나오게 하는 것이 더 중요합니다.

토지의 유한성 때문에 신축공급은 제한적일 수밖에 없고, 아무리 신축공급을 해도 투자나 투기수단으로 매집되면 의미가 없습니다.

우리나라는 전국 주택보급률이 100%를 넘고 수도권도 100%에 가깝지만, 자가보유율은 50%에 미달하여, 절반 이상의 주택이 실거주용이 아닌 투자나 투기수단입니다. 주택보급율 100% 시대의 주된 공급확대방법은 투기투자용으로 매집된 수백만 호가 매물로 나오게 하는 것입니다.

실거주용 외에는 취득·보유·양도에 따른 세금을 중과하여 불로소득을 제로화하고 대출을 제한해 집을 사 모을 수 없게 하면 투기투자 수요는 줄고 매집된 투자매물이 시장에 나와 공급을 늘릴 것입니다. 이는 신도시 수십 개를 만드는 것과 같은 효과를 냅니다.

임대사업자의 주택 취득과 보유 및 양도에 대한 특혜적 세금감면과 매입자금 대출 지원은 주택 매점매석을 도와 집값 폭등을 초래했고, 그 결과 등록된 임대소득자 보유 주택만도 157만 채에 이르며, 미등록 다주택을 합하면 수백만 채일 것입니다.

부동산에 따른 불로소득을 법인경비로 처리가 가능한 이상한 제도 때문에 사상 최대의 사내유보금을 보유한 법인들도 주택 등 부동산자산 매입에 열 올려 집값 상승을 부추깁니다.

이제 매점매석을 해소하고 주택시장을 정상화하려면 주택임대사업자와 법인에 대한 세금감면과 대출 특혜를 폐지할 뿐 아니라 실거주 1주택보다 더 중과세하고 대출을 제한해 주택이 투기투자 수단이 되지 않게 해야 합니다.

중과세와 대출강화를 즉시 시행하면 저항이 크고 정권교체를 기다리며 매각을 피할 것이므로 유예기간을 두어 현 제도하에 매각하도록 퇴로를 열어주는 것이 중요합니다.

취득·보유·양도시의 세금감면과 대출 특혜가 커 현재 팔아도 큰 이익이고 이후에는 그 특혜가 모두 사라질 것이 예정되어 있다면 유예기간 내에 매각하지 않을 수 없을 것입니다.

투기투자용 주택 소유 제한 외에 주택 수요를 줄이는 방법은 고품질의 장기공공임대주택을 대량공급해 주택 소유 없이도 편하게 싸게 평생 살 수 있게 하는 것입니다.

상한제 분양가와 시세 간 엄청난 차익 때문에 로또가 되어버린 분양으로 온 국민을 분양투기꾼으로 만들 것이 아니라, 공공택지에서는 꼭 필요한 부분을 제외하고 모두 중산층도 편히 살 수 있는 양질의 장기공공임대주택을 지어야 합니다.

분양가와 시세 간 높은 차액 때문에 임대보증금이 분양가에 육박하여 재정부담도 크지 않습니다.

LH나 경기도시공사 등 공기업에 대하여 자산(임대주택)이 있는 임대보증금채무는 채무비율에서 빼주고, 공사채 발행제한을 완화해주면 장기공공임대아파트는 얼마든지 공급가능합니다.

부동산 불로소득을 엄격히 제한할 용기와 결단만 있으면 투기광풍은 얼마든지 잠재울 수 있습니다.

문재인 정부와 민주당이 다주택 보유에 '징벌수준의 중과세'를 추진하기로 하였다는데 전적으로 공감하며 환영합니다.

이번 위기를 망국적 부동산 투기를 발본색원하는 기회로 만들기를 기대합니다.

11

불로소득 주택정책에서
기본주택으로

인간은 누구에게나 소유하고 싶은 욕구가 있다. 그리고 더불어 함께 살아야 한다는 정의도 있다. 소유에 대한 욕구는 매우 원초적이지만, 정의는 학습되는 것이다. 소유와 정의 두 가지 갈림길에서 대부분은 소유를 선택하고, 매우 일부가 정의를 선택한다. 그래서 예나 지금이나 관리들이 소유를 선택하지 않고 정의를 선택했을 때 청백리라는 명예를 얻는다.

인간의 소유욕은 보통 의식주(衣食住)에서 나타난다. 좋은 옷을 입고 싶은 것, 좋은 액세서리 거기에 좋은 차를 갖고 싶은 것은 의(衣)의 영역이라 할 수 있다. 좋은 음식을 먹고 싶은 것(食)과 좋은 집에 살고 싶은 것(住)은 인간의 본능이다. 이런 본능의 욕구를 채우기 위해서는 마땅히 돈이 필요하다. 더 좋은 차를 몰고 다니려면 더 많은 돈이 필요하고, 더 좋은 집에 살려고 해도 더 많은 돈이 필요한 것은 당연하다.

그렇게 돈을 주고 사도 시간이 흐를수록 효용의 가치가 떨어지게 마련이다. 아무리 비싼 차를 사도 차를 사는 순간 중고차가 되고 시간에 비례해서 감가상각이 된다. 세상의 모든 물건들이 그렇다. 소유하는 그 순간부터 시간이 갈수록 감가상각을 당해서 마지막에는 폐기물이 된다. 그런데 유독 집만은 그렇지가 않다. 어느 위치에 있느냐에 따라 감가상각의 법칙을 벗어나기도 한다.

한적한 시골에 근사한 주택을 지으면 평당 500만 원 1억 5천만 원으로도 30평짜리 근사한 집에 살 수 있다. 그런데 이 집은 시간이 갈수록 감가상각을 당해서 건물이 낡으면 헐고 다시 지어야 한다. 그때 이 집의 가치는 0원이 된다.

서울에 30년 40년 된 아파트는 오히려 해마다 가격이 올랐다. 그리고 재개발이 기대 때문에 새 아파트 가격의 80%까지 거래된다. 왜 도시의 아파트는 감가상각이 되지 않는 걸까?

그 이유는 간단하다. 누구나 살고 싶은 위치에 그 아파트가 존재하기 때문이다. 그런 위치는 그 도시가 만들어낸 각종 편익시설에 영향을 받는다. 역에 가깝거나, 교통이 편리하거나, 학군이 좋거나, 경관(view)이 좋기 때문이다. 한정된 토지 때문에 누구나 가질 수가 없다. 하지만 그런 인프라를 만든 것은 대부분 국민의 세금을 통해서이다. 세금으로 도로를 만들고, 철도를 만들고, 학교와 병원을 만들었다. 그리고 그 위치에 아파트를 짓기 위해 막대한 수용자금을 정부가 쏟아부었다. 정부가 그렇게 많은 돈을 쏟아부은 이유는 그렇게 하는 것이 공익적 이익에 부합하기 때문이다. 하지만 공익적 이익에 부합하게 지출되었어야 할 돈이 결과적으로는 사적 이익을 극대화하는데 쓰여졌다. 그래서 택지 개발을 하는 데 있어서 공공임대주택의 비중을 늘리려 하고 있다. 하지만 공공임대주택을 늘리면 시행사 및 원토지 지주들의 수익이 극대화되지 않기 때문에 시행사와 지주들은 반대한다. 어떻게 하든 민간개발로 해서 불로소득을 극대화하고 싶어 한다.

사회가 정상적으로 작동하게 하기 위해서는 이런 불로소득의 욕망을 적절하게 제어해야만 한다.

집은 사는(buy) 곳이 아니라 사는(live) 곳이라는 게 이재명의 철학이다. 그래서 남부럽지 않게 괜찮은 공공임대주택에 대해서 누구보다 많은 고민을 했다.

이제 불로소득이 보장되는 방식의 주택공급 정책은 지양되어야 한다. 개발을 통해 개발이익을 토지 소유자만이 독점하는 방식에서 더 많은 사람에게 개발이익이 돌아가고, 더 많은 사람이 그 개발을 통해서 행복해지고, 더 많은 사람의 주거 기본권이 보장되는 사회로 나가야 한다.

이재명의 기본 시리즈 중 집 없는 서민들의 많은 관심을 받는 것이 기본주택이다. 경기도에서는 2021년 2월 25일 광교에 '기본주택 홍보관'을 열었다.

이재명은 높은 집값 때문에 소비가 줄어 국가 경제가 침체하고, 온 국민이 일보다도 로또 분양을 찾아 전국을 떠도는 것은 나라 망하는 길이라며 기본주택으로 주거비를 줄여 소비 여력을 늘리면 수요 확대를 통한 경제 선순환으로 경제 악화 방지와 지속 성장이 가능해진다고 말했다.

그래서 경기도 내 3기 신도시 주택은 특별한 사유가 없는 이상 로또 분양이 아닌 기본주택으로 공급돼야 한다며 용적률과 금융제도 개선, 공공주택매입공사 운영 허용 등 약간의 제도만 고치면 시세 대비 건설원가가 너무 낮기 때문에 재정부담 거의 없이 무주택자에게 충분히 공급할 수 있다고 말했다.

GH 기본주택은 장기임대형과 분양형 두 가지가 있다. 장기임대형은 시세 대비 저렴한 보증금과 임대료로 장기간 임대를 할 수 있는 모델이며 기존의 장기전세 주택과 유사한 형태이다. 분양형은 토지를 제외한 주택만 분양을 받아 소유게 되고 월마다 토지 임대료를 내는 형태이다. 그러므로 추후 매도를 할 시 주택에 대한 부분만 권리행사를 할 수 있다.

이렇게 되면 1억 이하의 보증금으로도 $85m^2$(34평형)의 임대아파트에 입주할 수 있게 되어 서민의 주거환경에 획기적인 도움이 될 것이다. 면적도 다양해서 34평 외에 13평, 20평, 25평, 30평 등 식구 수에 따라 다양하게 선택할 수 있게 된다.

이재명의 기본주택은 친이재명계 초선인 이규민 의원이 대표 발의하고 정성호, 김병욱, 김진표, 김남국, 김승원 등 경기지역 의원들과 윤미향 등 25명이 공동으로 2021년 2월 26일 '공공주택특별법 개정안'을 발의함으로써 국회에서 논의될 수 있게 되었다. 이 법안에 따르면 무주택자가 30년간 거주할 수 있는 장기임대형 기본주택을 국가나 지방자치단체가 공급할 수 있는데 핵심은 거주 조건으로 소득, 자산, 나이를 따지지 않는다는 것이다.

기성 공공임대주택이 기준에 맞는 취약계층을 골라 시세보다 싼 임대료에 주택을 공급하는 '선별복지'의 개념이라면, 장기임대형 기본주택은 수혜대상을 선별하지 않는 '보편적 복지' 개념을 따르게 된다. 그리하여 보편적 주거권을 보장함으로써 서민의 주거 안정 및 주거 수준 향상을 도모하겠다는 것이다.

2021년 1월 26일 여의도에서 열린 '경기도 기본주택 토론회'에 참석한 뒤 이재명은 자신의 페이스북에 다음과 같은 내용의 글을 올렸다.

우리나라에서 주택은 거주하는 곳이 아니라 사고파는 투기의 수단이 됐습니다. 투기가 과열되면서 평생 남의 집만 전전하며 살게 될까 봐 영혼까지 끌어모아 집을 사는 공포수요까지 더해졌습니다. 국민의 가처분 소득 대부분이 집값 대출 갚는데 묶여 소비력은 줄고 삶의 질은 저하되고 경제침체까지 이어집니다.

국민의 기본권으로서 주거권을 국가에서 보장해준다면 적어도 길거리에 나앉지 않을까 하는 불안에 떨지 않아도 되고, 결과적으로 부동산 투기 과열이나 공포수요도 잦아들 것입니다.

'부동산으로 돈 벌지 못하게 하겠다'는 대통령님 말씀에 답이 있습니다. 실거주 이외 수요는 금융혜택을 제한하고 불로소득은 환수하면 투기를 억제할 수 있습니다.

경기도는 무주택자라면 누구나 입지가 좋은 곳에 위치한 고품질의 주택에서 살 수 있도록 하는 '기본주택'을 추진하고 있습니다.

기본주택은 주변 시세보다 저렴한 적정 임대료를 내고 장기간 거주할 수 있는 '장기임대형'과 토지사용료만 내고 지내다 되팔 때는 반드시 공공에 환매하도록 한 '토지임대부 분양형'으로, 값싸고 질 좋은 거주환경을 제공하면서도 투기를 차단하는 데 중점을 뒀습니다.

이를 위해서는 공공주택특별법 시행령과 기본주택 분양형 공급촉진 특별법 제정, 공공주택 특별법, 주택법, 지방공기업법 개정 등 제도개선이 뒷받침되어야 합니다. 유연한 기금조달을 위한 금융지원도 필요합니다.

요즘 사회를 각자도생의 세상이라고 한다지요. 미래도 주택도 직장도 너무 불안해서 각자 인생은 각자 책임져야 하는 사회라는 말이 씁쓸합니다. 국민이 불안하지 않게 하는 것이 국가가 해야 할 최소한의 역할입니다.

오늘 국회에서 열린 '경기도 기본주택' 토론회는 무려 50분의 국회의원님들께서 공동주최를 해주셨습니다. 기본주택에 대한 관심, 깊이 감사드립니다. 모두가 주거 걱정 없이 지내도록 고품질의 기본주택 공급을 현실화하기 위해 제 소임을 다하겠습니다.

부동산 가치 상승은 누군가의 특별한 노력이나 노동의 결과가
아니라 인허가권, 도시개발계획, 공공투자와 같은 공공의 권한
행사로 발생하는 불로소득이 절대적입니다. 모두가 함께 만들어
낸 성과물을 소수가 독점해서는 안 됩니다. 모두에게 되돌아가야
마땅합니다.

이재명,
한다면 한다

제4장

이재명의 색깔

2030 세대의
민주당 심판

10대를 포함한 2030 세대들은 문재인 정부와 민주당의 가장 큰 지지세력이었다. 지난 대통령선거 및 국회의원 선거에서 2030 세대는 70%에 육박하는 지지를 민주당에 보내줬다.

그런데 2021년 서울시장 및 부산시장 보궐선거에서는 국민의힘 후보에게 60%에 이르는 지지를 보내줬고, 특히 20대 남자들의 경우는 75%의 지지를 오세훈 후보에게 줬다는 것은 그야말로 충격이 아닐 수 없다.

그동안 정치인들은 2030 세대를 위한 정책개발에는 소홀했던 측면이 있다. 이들은 민주당에게 선거에서의 패배를 안겨주는 방식으로 자신들의 존재를 확실하게 각인시켰다. 자신들을 위한 정책을 개발하지 않으면 2022년 대통령선거에서도 민주당에 표를 주지 않겠다는 확실한 경고를 한 것이다.

　이번 선거에서 전통적으로 민주당에 절대적인 지지를 보내던 10대, 20대, 30대의 민심이 돌아섰다고 해서 이들이 당장 국민의힘의 지지자가 된 것으로 보이지는 않는다. 자신들의 목소리에 귀 기울이지 않았던 민주당을 심판함으로써 민주당이 자신들의 목소리를 듣게 만드는 매우 영리한 선택을 했을 뿐이다. 그렇기에 이들에 대한 정책이 제대로 만들어진다면 이들은 다시 민주당으로 돌아올 것이다.

　2030 세대들이 민주당을 심판한 요인은 수없이 많을 것이다. 그렇기에 정치인이나 평론가마다 가장 심각했던 요인을 찾는 것부터 해법까지 다양하다.

　나는 2030 세대들이 민주당을 심판한 요인을 크게 세 가지라고 보고 있다.

　첫째는 선별지원금에 대한 불만, 둘째는 젠더 문제, 셋째는 신분상승의 사다리 문제라고 본다.

　첫째, 선별지원금에 대한 불만을 살펴보자면, 이들 세대는 대부분 선별지원금의 대상에서 비껴가 있다. 우리나라의 산업구조상 자영업자들은 50대 이상 세대들이 주를 이룬다. 2030 세대는 코로나로 자영업자들 못지않게 고통받고 있는데 정부는 늘 자영업자를 비롯한 소상공인 지원만 하니 불공평하다고 생각한다.

　영업시간 제한 등으로 자영업자들이 다른 업종에 비해서 힘든

건 사실이다. 하지만 2030 세대들 역시 매우 힘들다. 이들은 자영업자들이 힘들어지면서 아르바이트 자리마저 쫓겨났다. 수출은 코로나 이전으로 회복되었다고 하는데 고용시장은 개선되지 않았다. 고용시장이 성장하지 못하는 것은 비단 코로나 때문만도 아니다. 고용 없는 성장을 가속화할 수밖에 없는 산업구조의 개편이 보다 근본적인 원인이다.

2030 세대들은 어렵게 얻은 아르바이트 시장에서도 코로나로 인한 영업 제한으로 퇴출당하였다. 그런데 선별지원에서 이들은 제외되기 일쑤였다. 일자리를 잃은 아르바이트생에게도 재난지원금을 주겠다고 했으나, 아르바이트 직원을 쓰면서도 소득신고조차 해주지 않는 구멍가게(?) 사장으로 인해 수입감소를 증명할 수 없는 젊은이들 또한 많았다.

세 번의 걸쳐서 20조 원이나 되는 재난지원금으로 풀었다고 하는데, 이들 세대는 단 한 푼도 받아본 적이 없다. 선별지급의 문제는 2030 세대들의 불만뿐만 아니라 전국민의 불만을 초래하고 말았다.

재난지원금의 선별지급은 이 정부가 자신들의 처지만 외면하고 불공정 불평등하게 집행하고 있다는 생각을 하게 만들었다. 선거를 앞두고 재난지원금이라는 막대한 돈을 뿌렸는데, 오히려 표만 잃는 역효과를 낸 것이다.

둘째, 젠더의 문제를 살펴보면 매우 복잡하다. 젠더 문제에 대한 불만은 주로 남자들에게서 나타난다.

지금의 50대 이상(40대 중반도 포함)이 자랄 때는 대부분 가정은 자식들이 기본 네다섯 명은 되었다. 그리고 아들에게 유독 많은 관심을 가졌다. 아들의 공부를 위해서 딸들은 공장에 다니는 경우도 허다했고, 집안에서 밥을 먹을 때조차 아들에게 더 좋은 반찬을 주려고 했다. 대학에 진학하는 비율을 보면 남자가 70% 여자가 30% 정도였다. 그만큼 남녀차별이 심했다. 그래서 50대 이상 남자들은 여성들에게 많은 부채의식을 갖고 있다. 그래서 여성들에게 좀 더 큰 혜택을 주는 정책에 대해서 찬성을 해왔다. 더 많이 혜택 받고 있는 남자들만이 군대 가는 것에 대해서도 전혀 불만이 없었다.

그러나 지금 2030 세대들은 틀리다. 이들은 집에서 형제가 없거나, 있다 해도 겨우 하나인 경우가 많다. 집안에서 남자라고 해서 더 큰 혜택을 받아본 적이 없다. 오히려 이들은 남자라고 해서 차별을 받았다고 생각한다.

유치원부터 초등학교, 중학교, 심지어 고등학교까지 선생님들은 대부분 여자 선생님이었다. 남녀 갈등이 생기면 선생님들은 보통 여자 편을 들었다. 거기다 일부 페미니스트들은 남자들을 언젠가는 성범죄를 저지를 사람들이라고 표현한다. 그래서 남자들에게 '한남'이라고 비하한다. '한남'은 '한국남자'를 줄여서 부르는 말이라고 하는데, 사실 이 말은 '한국남자벌레'라는 뜻인 한

남충(韓男蟲)의 줄임말로 일부 페미들의 위장 언어인 것이다. 심지어는 자신이 낳은 남자아이에게까지도 언젠가는 남충이 될 애벌레라는 뜻의 유충(幼蟲)이라고 한다.

20대 남자들은 성실하게 살고 있는 자신들에게 충이라는 비하를 하면서 똘똘 뭉친 페미니스트들에 대한 반감이 매우 크다. 정의당 및 민주당의 일부 국회의원들은 이런 페미니스트 집회에 가서 지지연설까지 하는 실수를 범했다.

여성가족부는 이런 페미니스트들에게 장악되었다고 생각하며, 여성가족부는 남녀평등을 위해 일하는 곳이 아니라, 남자 차별을 위해 존재하는 곳이라는 생각까지 하게 되었다.

창업하게 되면 지원해주는 정부 지원금도 여자에게만 우대점수를 주는 곳이 많다. 군필자에게 주는 우대점수는 여자에게 주는 우대점수에 훨씬 못 미친다.

또래 여자들에게 남충이라는 비아냥을 듣지만, 군대는 남자들만 가고, 남자들만 가는 군대도 돈 있고 빽있는 사람들은 빠져나가니 20대 남자들의 불만이 클 수밖에 없다.

셋째, 신분 상승을 위한 사다리 문제는 해결하기 가장 어려운 문제이다.

부익부 빈익빈 현상으로 인하여 같은 나이 또래의 친구들 중엔 이미 사회에 나가기도 전에 성공한(돈 많은) 부모를 만난 금수저 아이들은 몇십억 하는 재산을 상속 또는 증여를 받고 출발하는

데 자신들은 일자리도 없이 알바 자리를 전전해야 하는 것을 보게 된다. 알바를 하면서 저축을 아무리 열심히 해도 금수저 아이들이 이미 갖고 있는 아파트를 사려면 백 년도 넘게 걸려야 한다.

그런데 LH 사건이 터졌다. 40대, 50대, 60대 세대는 개발정보를 미리 빼돌려서 엄청난 시세차익을 누리는데 이들 20대들은 그런 정보를 안다고 해도 돈이 없어서 투자(투기)조차 할 수 없다. 또 윗세대들은 주식시장이 활황을 타면서 돈도 많이 벌었다고 하는데 20대들은 주식에 투자할 만큼 모아놓은 돈도 없다.

그래서 이들 20대 특히 남자들이 가상화폐 시장에 뛰어들었다. 적은 돈으로 일확천금을 얻을 수 있다는 도박장에 뛰어든 것이다. 돈을 잃을 가능성이 매우 크지만, 역으로 적은 돈으로도 운이 좋으면 대박을 터뜨릴 수 있다고 생각하는 것이다. 하이 리스크, 하이 리턴이 가상화폐 시장의 본질이라고 생각하면서, 가상화폐야말로 목돈을 마련하지 못한 20대들의 신분 상승을 위한 유일한 사다리라고 생각하는 경향이 있다.

그런데 정부는 가상화폐를 인정하지 않는다. 정부는 가상화폐는 실체가 없는 화폐라면서도 가상화폐 투자를 통해 얻은 수익에는 고율의 소득세를 물린다고 하니 불만이 많다. 이들은 가상화폐를 보호해 달라고 요구하고 있으나, 정부 입장에서 뚜렷한 해법을 내놓기가 어렵다. 일단 가상화폐 거래소의 안전성 문제를 강화해서 불법 거래소를 강력하게 단속하고, 가상화폐 거래소해킹 등으로 인한 피해로부터 투자자를 보호하는 것으로부터 시작해야 할 것이다. 하지만 가상화폐 투자(투기)에 대한 모든 손실은 투자자 본인이 져야 할 것이다. 그리고 궁극적으로는 변동성이 크고 이미 도박장이 된 가상화폐 거래소에 대한 철저한 감시가 필요하다.

불행하게도 청년세대들은 희망이 사라진 회색의 절벽에 가로막힌 암담한 세상을 살고 있다. 그러다 보니 청년들이 투기적 기회나, 가망은 적지만, 시도해보지 않을 수 없는 위험한 상황에 기성세대보다 훨씬 더 많이 접근하게 된다.

그래서 이재명은 지금처럼 가상화폐의 투자 위험에 그냥 방치할 수도 없는 상황이라 합리적으로 위험을 통제할 수 있는 시스템을 갖춰서 청년들이 안심하고 참여할 수 있도록 하는 것이 좋겠다며, 좀 더 근본적으로는 우리 청년세대들도 기회를 누리고 진취적으로 도전할 수 있도록 기회 총량을 늘리는 경제회복, 지속적 성장 잠재력을 확충해서 현실화시키는 데 정말로 총력을 다해야 한다고 주장했다.

지난 보궐선거에서 2030 세대들에게 외면받은 이유를 정확하게 파악하고, 이들을 위한 다양한 정책을 개발하지 않으면 다음 대통령선거에서도 민주당은 고전을 면치 못할 것이다. 이들을 위한 획기적인 대책이 필요하다.

고위층,
공직할지 부동산사업할지 선택하라

대한민국은 어떤 정권이 들어서든지 관료들의 부정부패로 늘 얼룩져왔다. 특히 민주정부가 들어서면 그 현상이 더욱 두드러지는 착시현상이 나타난다. 당연히 민주정부가 보수정부에 비해서 관료들이 더 부패했던 것은 아니다. 오히려 보수정부의 관료들과 비교한다면 그 정도가 현저히 낮지만, 보수언론에 의해 장악되고 있는 언론지형에서는 그 정도의 차이에도 불구하고 뭇매를 맞는다. 보수언론들은 보수정권이 집권을 하면 관료들의 부정부패에 대해서는 거의 언급하지 않지만, 민주정부 관료들의 부정부패에 대해서는 뭇매를 퍼붓는다. 여기에 진보언론조차도 똑같은 잣대를 댄다.

지금 대한민국은 LH 직원들의 내부 정보를 이용한 투기로 인

해 몸살을 앓고 있다. 대한민국의 모든 언론은 마치 문재인 정부
가 들어서면서 없었던 비리가 새로 터진 것인 양 보도하고 있다.
문재인 대통령에 대한 국정수행 지지도와 민주당의 지지율이 동
반 하락하고 있다. 심지어 국민의힘 지지율이 민주당의 지지율을
역전하고 있다. 그야말로 어처구니없는 일이다. 국민의힘 국회의
원이 민주당 국회의원보다 더 청렴하다는 것은 소가 웃을 일이
지만 여론은 그렇게 흘러가고 있다.

선출직인 국회의원의 청렴도는 민주당 국회의원이 국민의힘
국회의원에 비해 확실하게 높은 것은 사실이지만, LH 같은 공기
업의 직원들은 정권이 바뀌든 바뀌지 않든 상관없이 자신의 자
리를 지키고 있었다. 그들의 비리를 민주정부의 비리로 몰아붙이
는 것은 잘못된 일임에 틀림이 없다. 하지만 그렇다고 해서 문재
인 정부의 책임이 전혀 없는 것은 아니니 기울어진 언론의 지형
만을 탓할 수는 없다.

그간 문재인 정부는 집값 안정과 부동산 투기를 근절하겠다고
공언했지만, 김의겸 청와대 대변인이 부동산 투기 논란 하루 만
에 사퇴했고, 서울 아파트값이 20% 폭등하는 사이에 청와대 핵
심 보좌관과 고위공직자의 자산도 가파르게 올랐다. 청와대 2급
이상 고위공직자들에게 비거주 아파트를 처분할 것을 명령했으
나, 아파트를 선택하고 사직하는 공직자까지 있었다.

2020년 7월 28일 경기도는 간부급 공무원과 공공기관 임직원

에게 실거주용 1주택을 제외한 나머지 주택을 모두 처분하도록
했다.

이재명 지사는 온라인 기자회견을 통해 경기도에서는 부동산
투기로 돈 버는 일이 없도록 하겠다고 선언했다.

이날 발표된 대책에 따라 4급 이상도 소속 공무원(시군 부단체장
포함)과 산하 공공기관의 본부장급 이상 상근 임직원은 2020년
연말까지 거주용 1주택을 제외한 나머지 주택을 모두 처분하라
고 했다. 부득이한 사유로 다주택을 보유하더라고 사유 발생일로
부터 6개월 안에 해소하라고 했다. 주택정책에 직접 관여하는 경
기주택공사(GH)는 처장급 간부까지 적용대상에 포함했다.

이 대책을 따르지 않는 임직원에게는 각종 인사상 불이익을 주
겠다고 했다. 2021년 인사 때부터 주택보유 현황을 승진, 전보,
성과, 재임 등 각종 평가에 반영하고 다주택자는 관련 업무에서
배제할 방침이다.

그리고 실제 2021년 인사에서는 이런 조치들이 이루어졌다.

이재명은 "부동산 시장은 심리에 영향을 받기 때문에 부동산
이해 관계자가 정책 결정에 관여하면 신뢰확보가 어렵다. 부동산
백지신탁제 입법만을 기다릴 수 없어 임시방편으로 투기 투자
목적의 다주택 보유 고위공직자에 대한 대처 방안을 마련한 것"
이라고 밝혔다.

이재명의 고위공직자 부동산 투자(투기)에 대한 일침은 울림이

클 수밖에 없다.

"고위층, 공직할 지, 부동산할 지 선택하라."

그렇다. 고위층뿐만 아니라 공무원은 녹봉을 받으면서 명예를 지키는 공직을 수행할지, 공무원을 그만두고 부동산 임대사업을 할지 결정해야 한다. 그 두 가지를 모두 해서는 안 된다.

대장동
공공개발

날이 밝고 나면 서울 및 수도권의 아파트 가격이 폭등한다. 아파트값이 폭등하는 이유는 여러 가지가 복합적으로 있을 것이다. 그중에 하나는 양질의 아파트를 공급하지 못함으로써 발생하는 문제가 있을 수 있다. 그래서 공급의 문제를 해결하기 위해서는 좋은 입지 조건에 좋은 주택을 대규모로 공급해야 한다. 그래서 나온 것이 신도시였다. 서울을 포함한 서울 인근 경기도에는 그렇게 개발된 신도시가 상당히 많다. 그런데 이 과정에서 가장 혜택을 보는 세력은 토건세력이며, 그다음은 택지개발로 수용되는 토지 소유자들이며, 로또 당첨 맞듯이 청약에 당첨된 사람들이다. 그럼 가장 손해를 보는 사람들은 누구일까? 그 사람들은 토건에 참여하지 못한 건설업자도 아니고, 수용되지 않는 땅의 주인도 아니고, 청약에 당첨되지 않았거나 청약조차 하지 않은 모든 사람이다. 그들은 신도시가 도시 구실을 할 수 있도록 사회기반시설을 놓는데 자신이 낸 세금으로 기여해야 한다. 신도시가 들어서면 그곳에 들어간 사람들이 벼락부자가 되는 것을 보고만 있으면서 상대적 박탈감을 느껴야 한다.

2009년 성남시 본시가지 중심에 위치한 제1공단 지역은 1970년대 초반 공업용지로 조성되었다가, 환경과 공해문제로 1998년 주거 및 상업용지로 전환되었다가, 다른 곳으로 대체공업용지가 지정된 후 2009년 성남 신흥도시개발구역으로 지정되었다.

1공단 지역에 대한 개발 방향과 관련해서 오랫동안 두 가지 의견이 팽팽히 맞섰다. 이재명을 포함하여 대부분 시민은 공원을 만들어 시민들에게 휴식 문화공간으로 돌려주자는 것이고, 다른 하나는 아파트와 주상복합건물을 만들어 분양하자는 것이었다.

1공단 옆에 있는 대장동 지역은 2011년부터 도시개발구역으로 지정되어 있었으나 경기침체 등으로 개발사업이 지체되고 있었다.

이런 상황에서 미래지향적인 도시개발사업에 대한 새로운 접근이 시작되었다. 두 지역을 결합하자는 것이다. 마침 결합도시개발이라는 제도적 장치가 도시개발법의 개정으로 활용이 가능해졌다.

이재명의 저서 『오직, 민주주의, 꼬리를 잡아 몸통을 흔든다』

에는 이재명이 이끄는 성남시가 1공단과 대장동을 묶어 어떻게 개발했는지 잘 나타나 있다. 그 내용을 소개하면 다음과 같다.

사업의 큰 틀을 요약하면, 27만 평에 달하는 대장동 지역과 2만 평 제1공단 지역을 결합하여 대규모 도시개발 사업을 연계한다는 것이다. 대장동 지역에 5,800 세대의 신주거지를 형성하고 여기서 개발을 통해 얻어지는 2,200억 규모의 이익금은 구도심인 제1공단 지역에 재투자되어 성남시민의 휴양·문화공간인 공원을 조성하는 데 사용한다. 이것이 기본 골자이다.

이 제1공단 지역에는 단대동에 있는 오래되고 비좁은 법조단지를 함께 이전하여 구도심의 균형발전을 도모하고, 대장동에는 서민주거 안정을 위해 중소형 주택을 저렴한 분양가로 공급하겠다는 것이다.

다시 제1공단 공원화 사업의 관련 쟁점으로 돌아가면, 공원화를 주장하는 의견은 도시개발의 방향과 철학, 시민복지에 대한 새로운 접근이었다. 반면에 아파트 건립 분양은 철저히 자본의 논리에 입각한 주장이었다.

공원을 만들자는 주장은 충분한 명분과 함께 도시개발사업에 대한 새로운 비전을 담고 있다. 본시가지는 열악한 주거환경에 평지공원이 하나도 없는 그야말로 숨 막히는 공간이다.

아이들 손 잡고 도시락 먹으면서 인라인스케이트도 타고, 문화공연도 즐기고, 산보도 할 수 있는 평지공원 하나 만들자는 것이다.

반면에 아파트 지어 분양하자, 주상복합 만들어서 경제 활성화하자는 주장은 과거형 개발정책에서 한 발짝도 나아가지 못한 주장이었다. 건물 많이 지어 분양하고, 경제 활성화를 이끌자는 가설도 이제는 설득력이 없는 주장이다. 아파트 지어 분양해 도시경제를 활성화한다는 것은 이미 실패가 예견된 부양책이기 때문이다. 건물 짓고 분양할 시기엔 일시적으로 활성화되겠지만 그 이후에는 과밀지역이 되어 더이상의 발전은 기대하기 어렵게 된다.

공원화 사업의 가장 큰 난관은 돈이 많이 든다는 것이었다. 시장으로 일하기 전에 '제1공단 녹지문화공간만들기 운동본부' 공동대표도 했고, 선거에서 핵심공약으로 내건 이 사업은 시민들의 숙원사업이기도 했지만, 또한 나의 염원이기도 했다.

본시가지 지역과 분당 지역의 삶의 질과 수준에서 많은 격차가 나고 지역통합에도 장애가 되는 현실에서 나는 분당 중앙공원을 예로 들며 많이 싸웠다. 중앙공원은 13만 평으로 성남시민들의 삶의 질을 높이는 결정적 공공자산으로 기능하고 있다. 만약 돈이 목적이고 아파트 짓는 것이 최우선이라면, 이

공원에도 아파트를 지어야 한다. 하지만 도시는 아파트만으로 살 수 없지 않은가? 삶은 넓은 아파트와 TV만으로 충족될 수 없는 것이다.

실제로 제1공단 지역은 중앙공원 면적에 비교가 안 된다. 이를 예산낭비라고 말하는 것은 형평성 측면에서도 납득하기 어렵다. 본시가지 주민 50만 명의 여가활동 공간으로 확보하는 데 2,000억 정도가 든다면, 영구적으로 쓸 공원을 만드는 데는 결코 아깝지 않은 돈이다. 이것은 돈의 문제가 아니라 철학의 문제다.

시민 세금이 아니라 대장동 지역의 개발이익을 통해 조성하는 것이 예산 낭비라는 말도 거두어야 하건만, 아직도 불만을 제기하는 사람들도 일부 있다는 것은 정치적 요구 아니면, 아마도 이권 때문일 것이다.

이렇게 해서 진행되던 사업은 투기세력들의 압력에 굴복한 LH는 사업을 포기했다. 이 과정에서 모 국회의원의 동생이 뇌물을 받은 일이 있었다. 그러다가 그해 6월 민선 5기 성남시장에 이재명이 당선된다. 이재명은 과감하게 대장동 개발사업을 민간개발에서 성남시 공영개발로 추진했다. 뿐만 아니라 이재명은 개발이익금 5,503억 원을 고스란히 시민의 몫으로 환수했다.

나중에 경기도 지사 선거 때 5,503억 원을 시민의 몫으로 환수했다는 말이 허위사실 유포라면서 당선 이후 소송에 시달리기도 했지만, 법원의 판결은 1심, 2심 모두 무죄였다.

이때 이재명이 하고 싶었지만 끝내 하지 못했던 것이 있는데 개발 이익금은 이미 환수한 5,503억 원 외에도 1,800억 원이 추가로 더 늘었다. 이때 이재명은 이 돈을 성남시민에게 나눠주겠다는 아이디어를 제안했으나 끝내 이루지 못했다.

경기도 도지사 선거 유세 중에 다음과 같은 얘기를 했다.

"수천억 원이 남을 대장지구사업. 민간이 개발하게 해줄 수 없다. 성남시 공영개발한다. 라고 공영개발에 체크 표기를 하고 제가 사인을 해버렸습니다. 그랬더니 엄청난 저항이 있었습니다. 압력, 청탁, 온갖 짓이 다 벌어졌는데, 제가 꿋꿋하게 버텨서, 의회도 반대하고, 다 반대하고, 언론은 까고. 저보고 미쳤다고 그러고. 그럼에도 불구하고 끝까지 버틴 결과 자그마치 얼마를 번지 아십니까? 5,503억 원을 한 푼도 안 들이고 성남시 수입으로 만들었습니다. 그리고 나서도 1,800억 원이 남았습니다. 그 1,800억을 어디다 쓸까 고민하다가 우리 시민들한테 시장 잘 뽑으면, 시장 감시 잘해서 일 잘하게 하면 자다가도 떡이 나온다. 이런 걸 알려드리려고 마음먹었습니다. 그래서 시민들한테 남은 1,800억, 시민 배당으로 나눠드리려고 계획했는데 1인당 20만 원입니다. 제가 그만 임기가 끝나는 바람에 못 했어요. 만약에 저들이 시장이 됐더라면, 그 사람들이 시장이 됐더라면 그 사람들이 홀랑 먹었을 거 아닙니까? 반대로 얘기하면, 이재명이 당선되는 바람에, 이재명이 8년 동안 시장하는 바람에 그 사람들은 7천억 먹을 돈을 빼앗긴 것입니다."

개발이익 환수는 이재명 정책의 핵심이다. 최대한 공공개발을 하고 개발해서 얻은 이익은 사회 구성원 모두가 골고루 혜택을 보게 하는 것.

이재명의 기본소득 구상의 일부는 개발이익의 환수이다. 이때 성남시민 전체에 20만 원씩 지급하겠다는 아이디어는 일부에게서 포퓰리즘이라는 비판도 받았지만, 대다수 사람은 이 실험이 성공하기를 바랐다. 대한민국 곳곳에서 펼쳐지고 있는 각종 개발에서 얻게 되는 개발이익을 전국민이 골고루 혜택을 누리게 된다면 어떻게 될까?

이재명의 전국민 기본소득이 결코 신기루가 아닐 것이다.

04

친일 작곡가가 만든
'경기도의 노래' 폐지

2021년 3월 1일.

경기도 3.1절 기념식에서 그동안 불려왔던 '경기도의 노래'가 폐지되고 새노래가 공개되었다. 기존 '경기도의 노래'는 친일 작곡가가 만든 노래로 지적됐는데 3.1절을 맞이하여 그 노래를 폐지한 것이다.

이날 이재명은 페이스북을 통해서 다음과 같이 소회를 밝혔다. "독일은 패전 이후 '탈나치화'를 통해 정치, 경제, 문화부터 사회 말단까지 깊게 뿌리내리고 있던 나치 세력이 두 번 다시 발흥할 수 없도록 지금껏 '역사 바로 세우기'를 이어오고 있다. 하지만 대한민국은 해방 이후에도 기득권을 유지하고 있던 친일세력의 반발로 친일잔재청산의 기회를 잃고 말았다. 첫 단추를 잘못 끼웠다고 해서 그대로 놔두는 어리석음을 범해서는 안 된다. 친일 행적이 확인된 작곡가가 만든 '경기도 노래'를 폐지하고 새로 만든 것처럼 그간의 철저한 준비를 바탕으로 올해를 경기도 친일 청산 원년으로 삼아 역사를 바로 세우는 데 더욱더 속도를 내겠다."

해방된 이후 친일청산을 제대로 하지 않아서 친일세력들의 토지를 몰수했던 김일성의 북한 정권으로 수많은 양심적 지식인들이 월북했던 슬픈 역사가 우리에겐 있다.

해방 이후 친일청산은커녕, 친일 부역자들을 요직에 기용하면서 대한민국은 정부, 의회, 법원, 군대까지 친일파들이 장악했고, 친일파들은 지금까지 별 굴곡 없이 대한민국의 메인스트림을 형성하고 있다.

3.1절이 되면, 8.15가 되면 청산하지 못한 친일파의 승승장구와 독립운동가 후손들의 비참한 삶을 조명하기도 하지만, 어디까지나 그뿐이다. 국립묘지에는 여전히 친일파들이 당당히 자리를 차지하면서 죽어서도 대우를 받고 있다. 하긴 친일파 중의 친일파인 박정희의 묘가 수호신 역할을 하고 있으니, 박정희 묘를 파내지 않고서는 다른 자들의 묘를 파묘하기도 궁색해 진 게 현실이다. 일제의 괴뢰정부인 만주국 장교 출신인 박정희부터 파묘해야 친일파들의 파묘도 이루어질 수 있을 것이기 때문이다.

이뿐인가. 애국가를 작곡한 안익태의 친일행적은 이미 잘 알려진 것이다. 안익태는 친일행적뿐만 아니라 친나치이기도 했다.

안익태는 일제강점기에는 출생지를 평양이 아니 도쿄로 속이고 이름도 '에키타이 안'으로 개명했으며 유럽첩보 총책인 '에하라'의 수하에서 특수공작원으로 활동했다. 1938년 일본 천왕 즉위식 축하작품으로 '애텐라쿠(えてんらく)'라는 곡을 작곡해서 여러 차례 연주했다. 해방 뒤에는 이 곡을 더이상 사용할 수 없게 되자 1959년엔 '강천성악'으로 곡명을 바꿨다. 일본제국주의를 찬양하는 '대일본축전'과 '만주환상곡'을 작곡하기도 했다. 이 곡을 1942년 9월 베를린에서 개최된 만주국 건국 10주면 음악회에서 지휘하였고 빈과 로마를 무대로 같은 활동을 했다. 특히 안익태는 1943년 7월에 나치정부의 제국음악원 정식회원이 되었고 회원번호는 'RKK A115'이다. 독일 정부 같으면 나치 전범으로 분류되어 마땅히 처단되었어야 할 인물이다. 그런데 어떤 이유에서인지 안익태는 민족을 이끄는 애국자로 둔갑하여 그가 만든 노래는 '애국가'가 되어 국가로 불리고 있다.

애국가의 작사가로 추정되는 인물 역시 친일행적이 뚜렷한 윤치호로 알려져 있다. 참으로 어처구니없는 현실이다. 친일 부역자 윤치호가 작사하고, 친일파이자 나찌 부역자인 안익태가 작곡한 노래를 애국가로 부르면서 무슨 애국을 생각한단 말인가.

대한민국의 국익보다는 일본의 국익을 더 걱정하는 국회의원이 있는가 하면, 위안부는 돈 벌기 위해 자원한 매춘부일 뿐이라는 말을 서슴없이 하면서도 대학교수직을 유지하고 있는 자들도 있다. 이런 자들이 존재하는 것은 이승만이 친일파를 청산하기는 커녕 그들을 중용했기 때문이다.

그들은 대한민국의 독립이 일제강점기에서 목숨을 걸고 싸우면서 독립했다는 것을 부정하고, 망하지 않을 거 같던 일본이 오직 미국과의 전쟁에서 패전해 얻어진 결과일 뿐이라고 주장한다. 그래서 친일파들은 자신들의 과거 반민족 행위에 대해 전혀 반성하지 않고, 이승만과 함께 대한민국을 건국한 주역이라고 주장한다. 그래서 그들은 1945년 8월 15일의 해방보다, 1948년 8월 15일을 건국절이라고 하면서 더 기념하고 있다.

대한민국의 헌법은 분명하게 말하고 있다. 1919년 3월 1일의 '3.1운동'의 정신으로 만들어진 임시정부의 정통성을 이어받았다고. 대한민국의 실질적인 건국은 1919년 3월 1일로 봐야 한다.

나는 개인적으로 '3.1절'이라는 국경일 이름부터 바꿔야 한다고 생각한다. '대한민국 독립선언일'이라고 명명하면 좋을 거 같다. 이재명이 대통령이 되고 친일청산이 이루어진다면 나의 이 바람도 이루어지지 않을까 하는 행복한 상상을 해 본다.

이재명이 3월 1일을 맞이하여 친일 작곡가가 만든 경기도의 노래를 폐지하고 새 노래를 지정한 것처럼, 대한민국의 국가 또한 폐지되고 새 노래를 지정해야 할 것이다.

언젠가 3.1절이 되면 '독립선언일'이 되고, 그날에 맞춰 친일 작곡가 안익태가 만든 지금 '애국가'가 폐지되고 새 애국가가 지정되어 불리기를 바란다. 친일 부역자들이 만든 '애국가' 폐지 없이 친일청산은 없다.

　새 애국가는 어느 노래가 좋을까? 우리에게는 이미 그 노래가 있다. 불의에 저항하면서 민주주의를 쟁취한 노래. 세계 각국에서 저항의 노래가 되어 불리는 노래 '임을 위한 행진곡'. 나만의 상상일까? 대한민국의 민주화 투쟁을 부정하는 세력의 엄청난 반대가 있겠지만 '임을 위한 행진곡'만큼 대한민국의 민주주의 수호 의지가 강한 노래는 없다. '임을 위한 행진곡'은 곡도 웅장하고, 가사도 시적이니 미학적으로 봐도 애국가 되기에 손색이 없다.

05

대북전단
살포 금지법

 내가 태어나고 자란 곳은 경기도 포천의 나무골이라는 한적한 시골 마을이었다. 초등학교에 다닐 당시 1970년대 말에서 80년 초에는 북풍이 불어오는 늦가을에서 봄이 오기 전까진 수시로 북에서 보낸 전단(삐라)이 추수를 끝낸 얼어붙은 들판이나 산에 수없이 떨어졌다. 우리가 그것을 주워가서 학교나 파출소에 제출하면 공책과 연필을 주기도 했고, 많이 주워온 학생에겐 표창장도 주었다.

 1981년쯤엔 난 그 대남 전단지를 통해서 전두환 일당이 저지른 광주의 학살을 사진으로 보았다. 하지만 그 당시 나에게 그 사진은 터무니없는 것이었다. 대한민국의 군인이 광주에서 민간인을 학살했다는 북한의 선전물을 믿을 수가 없었다. 삐라의 내용과는 다르게 티비 라디오에서는 김대중의 내란 음모와 관련하여 김대중에게 사형을 선고한다는 무시무시한 뉴스가 나오고 있었다. 하지만 어린 나이의 나는 솔직히 관심이 없었다. 불과 얼마 전에 박정희가 죽었다고 누나를 따라 같이 울던 생각만 나던 시기였다.

북에서 보낸 대남전단에는 월북해서 행복하게 살고 있다는 월북 군인들의 이야기들이 많았다. 휴전선 인근 군인들의 월북을 독려하고 부추기기 위함이었다. 더러는 남쪽에서 북쪽으로 보낸 전단이 북쪽으로 넘어가지 못하고 남쪽에 떨어진 것도 있었다. 수영복 입은 미스코리아 뺨치는 미인들의 사진이 많았으며, 휴전선에서 근무하고 있을 북한 인민군들의 월남을 부추기는 내용이었다.

또 더러는 전단를 담은 풍선이 바람만 빠지고 터지지 않은 채 나무에 걸려 있다가 발견되는 때도 있었는데, 풍선째 발견하면 그야말로 대박이었다. 노트, 연필을 잔뜩 받을 수 있는 것은 물론이고, 경찰서장이나 인근 군부대장으로부터 표창을 받을 수 있기 때문이다.

이런 전단이 남북이 대화를 본격적으로 하면서 차츰 줄어들기 시작했다.

박근혜가 대통령이던 2014년 2월 14일 남북 고위급 접촉에서 '이산가족 상봉 및 상호비방 금지'를 합의하고 이에 따라 대북전단 및 대남전단 살포도 중지하기로 합의했다. 그 당시 김규현 국가안보실 1차장이 발표한 합의문의 내용을 보면 다음과 같다.

"북측은 우리 측이 '한반도 신뢰 프로세스'를 설명하자 '기본 취지에 대해 이해한다'는 뜻을 밝혔고, 우리 측은 북한의 '상호비방 중단 요구'에 대해 남북 신뢰 증진을 위한 것으로 보고 동의했다. 양측은 남북 신뢰 구축의 첫걸음이 20일부터 금강산에서 여는 이산가족 상봉 행사라는 데 공감, 계획대로 진행하기로 했다. 또한 양측은 다음번 '남북 고위급 접촉'을 양측이 편리한 시기에 갖기로 합의했다."고 했다.

북한이 요구한 '상호비방 중단 요구'의 범위는 군의 대북심리전이나 정부의 대북방송뿐만 아니라 탈북인들로 구성된 북한인권단체의 '대북전단 살포'까지 요구했는데, 북한인권단체는 지금까지도 이에 협조하지 않고 틈만 나면 풍선을 날리고 있으며, 박근혜 정부는 심지어는 이들에게 자금까지 대주고 있었다는 의심을 받고 있다.

이후 북한은 기회가 있을 때마다 상호신뢰를 훼손하는 대북전단 살포 행위에 대해 금지할 것을 요구했으나, 박근혜 정부는 표현의 자유를 보장하고 있는 나라에서 민간인들이 보내는 풍선에 대해서 제재를 할 수 없다고 밝혔다.

2014년 10월 10일 탈북자 출신 박상학이 이끄는 자유북한운동연합 등 국내 보수단체 회원들은 경기도 파주 통일전망대와 연천 일대에서 대북전단을 날려 보냈다. 이들은 풍선에 북한 체제를 비판하는 전단과 1달러짜리 지폐, 선전용 CD 등을 담았다고 했다.

이들이 풍선을 날려 보내자 북한군은 오후 3시 55분쯤 풍선을 향해 10여 분간 간헐적으로 10여 발의 총격을 가했다. 특히 4시 50분쯤엔 민간인 통제선 인근 군부대와 연천군 중면 삼곶리의 중면사무소 일대에서 북한군이 쏜 수발의 총탄이 발견되었다.

이에 우리 군은 오후 5시 30분쯤 "사격을 중지하지 않으면 응징하겠다"는 경고 방송에 이어 북한군 일반전초(GP)를 향해 K6 기관총 40여 발을 쐈다. 북한군도 우리 측 GP를 향해 AK소총으로 추정되는 총격을 가해와 우리 군도 다시 K2소총 수 발을 응사했다. 우리 군이나 민간의 피해는 없는 것으로 확인됐다. 총격전은 오후 5시 50분쯤 끝났지만, 군은 국지도발 대비태세인 '진돗개 하나'를 발령했다가 오후 9시에 해제했다.

이 사건은 대북전단 살포가 자칫하면 국지전으로 이어질 수 있는 어리석은 행동이라는 것을 보여주었다. 이 사건 이후에도 이들의 대북전단 살포 행위는 계속 이어졌고, 이때마다 북한은 남쪽을 비난하면서, 전단 살포 원점을 타격하겠다고 위협했다. 하지만 대북전단 살포를 통해 막대한 이익을 얻고 있는 박상학 일당의 행위는 끝없이 계속되고 있다. 최근에 밝혀진 사실에 의하면 박상학이 풍선에 담아 보낸 1달러짜리 지폐는 위조지폐였다고 한다. 박상학은 위조지폐를 보내면서 후원하는 세력들의 자금까지 착복한 것으로 의심된다.

사태가 이렇게 된 지경에는 정부의 미온적인 대처가 한몫하고 있다. 이들을 잡아들일 명분이 충분히 있음에도 불구하고, 표현의 자유라는 이들의 주장에 밀려 단속에 소극적이라는 비판에서 자유로울 수 없다.

남북이 정상회담을 하는 등 화해의 국면으로 갈 때마다 이들은 대북전단을 살포하면서 남북의 신뢰 회복 과정에 찬물을 끼얹었다.

2020년 6월 12일 이재명이 이끄는 경기도는 긴급 브리핑을 열고 경기도 김포와 고양, 파주, 연천 지역 내 접경지역을 위험구역으로 지정하고 대북전단 살포자의 출입을 금지하겠다고 밝혔다. 이재강 경기도 평화부지사는 "대북전단 살포 행위는 단순 의사표현을 넘어 군사적 충돌을 유발하는 위험천만한 위기 조장 행위"라며 "강력단속하고 고발 조치하겠다."고 밝혔다.

이에 따라 앞으로 경기도는 공중에 살포된 전단지는 옥외광고물법에 따라 과태료를 부과하고, 해양에 뿌려진 대북전단 등이 담긴 페트병은 폐기물로 간주해 폐기물관리법, 해양환경관리법 위반 혐의로 고발조치하겠다고 했다. 이 부지사는 "경기도는 2014년 대북전단 살포로 유발된 연천군 포격 사태를 겪은 바 있다."면서 "이런 위험상황이 재발되지 않도록 할 수 있는 모든 행정력을 동원하겠다."고 밝혔다.

경기도는 김포, 고양, 파주, 연천 등 접경지역 일부를 위험구역으로 지정하고 대북전단 살포자의 출입을 금지하기로 했다. 경기도의회도 '대북전단 살포 금지를 위한 법률 제정 촉구 건의안'을 의결하며 힘을 실어줬다.

경기도에서 시작한 '대북전단살포 금지법'이 2020년 12월 2일 국민의힘의 반대에도 불구하고 국회 본회의를 통과했다. 군사분계선 일대에서 전단 살포 행위 등 남북합의서 위반행위를 하는 경우 최대 3년 이하 징역, 또는 3,000만 원 이하 벌금으로 처벌할 수 있게 하는 내용을 담은 '남북관계 발전에 관한 법률 일부 개정 법률안'이다.

이재명은 이날 페이스북을 통해 다음과 같이 밝혔다.

"지난 6월 살포된 대북전단은 대부분 남쪽으로 되돌아와 우리 지역의 민간 주택을 파손하고 길 가는 행인들을 위협했다."며 "전단에서 확인된 내용들은 북한 인권 개선이나 남한 체제 옹호가 아니라 특정 인물에 대한 조롱과 인신공격으로 점철되어 사실상 남북 간 긴장과 대결을 의도했다고밖에 볼 수 없다. 대북 전단 살포로 2014년 경기도 연천군에서 총격전이 벌어졌던 것을 감안한다면, 이는 명백한 군사적 도발 행위이기도 하다."고 지적했다.

특히 "대북 전단 살포는 표현의 자유를 빙자해 국가 안보에 위해를 가하는 반국가적 행태에 가깝다."며 "그럼에도 불구하고 개정안 표결처리에 강하게 반대한 국힘당 의원님들의 속마음이 궁금하다. 우리 국민의 생명과 안전, 이 땅의 평화 실현에 진정 관심이 있는지 묻지 않을 수 없다."고 말했다.

그러면서 "표현의 자유는 존중되어 마땅하나 그 방식은 정당해야 한다."며 "대북 전단 살포는 결코 합당한 표현 방식이라고 볼 수 없다. 이를 금지할 수 있는 개정안 통과를 다시 한번 환영한다."고 덧붙였다.

또다시 누구보다 먼저 '대북전단 살포' 행위에 대해서 선제적으로 조치한 이재명의 추진력이 돋보였다고 할 수 있다. '대북전단 살포' 금지를 넘어서 북한 동포들의 어려운 생활이 개선될 수 있도록 미국의 눈치 안 보고 인도적 지원을 해서 남과 북의 실질적인 평화가 오기를 기원해 본다. 굶고 있는 동포들에게 밥 좀 주는 게 그렇게 어렵단 말인가? 우리에게 남아도는 쌀을 북한 동포들에게 나눠주는 게 그렇게 어려운 일인가? 이재명은 미국 눈치 안 보고 해낼 수 있을까? 난 정말 그렇게 할 거라 믿고 싶다. 이재명도 못 하면 아무도 못 한다는 뜻 아니겠는가? 이재명마저 못 한다면 그건 너무나 절망적이다.

06

모두의 것을 모두에게,
공익개발이익 환원제

이재명은 성남시장 시절 대장동 개발이익의 일부인 1,800억 원을 성남시민에게 균등하게 배당하려는 정책을 펼치려고 했다. 성남시장을 그만두고 경기도 지사가 되면서 그의 바람은 선거 당시 핵심공약이었던 '공공개발이익 도민환원제'로 구체화 되었다.

공공개발이익 도민환원제는 각종 도시개발을 통해 생겨난 불로소득을 공공주택 등에 투자해 경기도민에게 돌려준다는 취지의 정책이다.

2021년 경기도는 수원시 경기도청에서 열린 기자회견에서 "공공개발이익 도민환원제 실현을 위한 구체적인 재원 확보 방안이 마련되었다. 다산신도시와 3기 신도시, 경기경제자유구역 현덕지구 등 개발사업 이익을 지역에 환원할 방침이지만, 개발이익 재투자가 특정 지역에만 한정돼 도민 모두를 위한 혜택으로 돌아가지 못하는 문제를 해결하기 위해 '경기도 개발이익 도민환원기금'을 조성한다."고 밝혔다.

이날 경기도가 제시한 재원 확보 방안은 경기주택도시공사(GH)의 공공개발 이익금 일부를 기금으로 조성하는 것으로, 투자계획 등을 고려하면 2021년부터 2025년까지 5년간 총 1,466억 원을 조성할 수 있을 것으로 보인다.

현재 GH 같은 공공기업이 사업수행으로 발생한 이익은 이익준비금(이익금의 10% 이상, 자본금의 50%까지), 감채적립금(이익준비금 적립 후 남은 이익금의 50% 이상), 이익을 배당하거나 사업 준비 등을 위한 적립에 사용하도록 규정되어 있는데, 경기도 개발이익 도민환원기금은 '이익배당'에 해당하는 재원을 적립하는 것이다. 이 외에도 경기도는 확보 가능한 개발이익을 기금의 재원으로 추가할 방침이다.

이와 더불어 경기도는 2020년 11월에 건의한 '개발이익 환수에 관한 법률' 개정안이 국회에서 통과될 경우 개발부담금의 광역자치단체 귀속분도 기금적립의 재원으로 추가할 예정이다. 개정안에 따르면 국가와 관할 기초자치단체에만 각각 50%씩 배분되고 있는 개발부담금을 광역자치단체에도 20% 배분하도록 되어 있다.

이렇게 마련한 기금을 바탕으로 경기도가 역점을 두어 추진하고 있는 기본주택 등의 임대주택 공급, 낙후지역 개발지원 등에 우선 사용할 예정이다.

'경기도 개발이익 도민환원기금'이 예정대로 조성된다면 개발 이익을 도민에게 환원할 수 있는 실현수단을 확보하는 동시에 매년 안정적인 수입으로 지속적인 도민환원 정책을 추진할 수 있게 될 것이다. 특히 경기도 전 지역에서 발생한 개발이익을 하나로 모아 경기도민을 위해 사용할 수 있게 됨으로써 개발이익의 지역 간 이동이 가능해져 균형발전의 토대를 마련할 수 있게 될 것이다.

이재명은 2021년 3월 17일 페이스북을 통해 개발이익 도민환원기금 신설에 대해서 다음과 같이 환영의 뜻을 밝혔다.

〈개발이익 도민환원기금 신설. 모두의 것을 모두에게〉

성남시 대장지구 개발 당시 5천억 원이 넘는 공공환수를 했음에도 회계상으로 3천억 원의 이익이 발생했습니다. '개발이익 환수제'를 시행하지 않았더라면 도시개발 인허가 전후의 시세차익 8천억 원은 고스란히 민간기업이나 건설업자의 차지가 되는 것입니다. 환수한 이익은 임대주택 용지와 기반시설 확보, 공원 조성 등으로 쓰이면서 시민의 몫으로 돌아갈 수 있었습니다.

부동산 가치 상승은 누군가의 특별한 노력이나 노동의 결과가 아니라 인허가권, 도시개발계획, 공공투자와 같은 공공의 권한 행사로 발생하는 불로소득이 절대적입니다. 모두가 함께 만들어낸 성과물을 소수가 독점해서는 안 됩니다. 모두에게 되돌아가야 마땅합니다.

공공의 이익을 합당하게 환수하는 것만큼 어떻게 배분할지 또한 심혈을 기울여 풀어나가야 할 문제입니다.

경기도는 특정 지역에만 사용할 수 있던 개발이익 재투자의 단점을 보완해 '개발이익 도민환원기금'을 신설합니다. 경기주택도시공사의 공공개발로 발생한 개발이익을 적립해 기본주택 공급, 낙후지역 개발지원에 우선적으로 사용하고 향후 규모에 따라 용도를 확대해 나갈 것입니다.

기금조성을 통해 개발이익을 도민에게 환원하는 체계적 시스템을 갖출 수 있는 것은 물론이고 매년 안정적인 수입으로 지속적인 정책 추진도 가능해집니다. 개발이익의 수혜가 특정 지역에만 집중되지 않고 경기도 차원에서 가장 필요한 곳에 쓰일 수 있어 지역 간 격차 해소와 더불어 형평성도 지킬 수 있습니다.

개발이익 도민환원기금의 원활한 운영을 위해서는 선결해야 할 과제가 산적해 있습니다. 국회, 중앙정부와의 협력을 통해 '개발이익 환수에 관한 법률'과 '공공주택 특별법', '택지개발촉진법' 등을 개정해야 하며 개발사업 유형에 따른 맞춤형 환수기준도 필요합니다.

'모두의 것을 모두에게' 돌아가도록 새로운 선순환 구조를 마련하는 일인 만큼 국회와 중앙정부의 적극적인 협력을 부탁 드립니다. 경기도는 앞으로도 막중한 책임감을 가지고 최선을 다할 것입니다.

성남시 그리고 경기도에서 이재명이 시작한 개발이익 환수가 경기도를 넘어서 서울을 포함한 전국으로 확대된다면 지역 간 균형발전에 큰 도움이 될 것이다.

여기서 눈여겨봐야 할 대목은 부동산 가격 폭등을 이재명은 당당히 '불로소득'이라고 말한다. 불로소득은 당연히 회수하는 것이 정상이다. 하지만 정치인들 중 이런 불로소득을 불로소득이라고 말하지 못하는 사람이 많다. 불로소득을 불로소득이라고 당당히 말하고, 그들의 불로소득을 환수해서 사회 구성원 전체에게 그 혜택이 고르게 돌아가는 정책이 바로 '공익개발이익 환원제'인 것이다.

07

사람에 함부로 하는 것은
혁신이 아니다

2021년 4월 MBC 〈스트레이트〉에서는 최근에 미국 나스닥에 주식을 상장해 그야말로 대박을 터트린 쿠팡의 행태에 대한 보도가 있었다.

배송은 로켓인데, 정산은 거북이처럼 하고 있는 쿠팡의 이중적인 행태를 취재했다.

"쿠팡은 쉬는 날이 없어요~ 로켓배송은 1년 365일 쉬지 않으니까요~"

쿠팡은 판매자에게서 로켓배송 상품을 미리 사들인 뒤 물류센터에 보관한다. 이어 주문이 들어오면 물류센터 안에서 포장을 하고 소비자에게 직접 배송한다. 쿠팡의 초고속 배송이 이뤄지는 구조이다. 하지만 정산은 물건을 떼 간 뒤 최소 50일 이후에나 이뤄진다.

예를 들어 3월 중순에 쿠팡에 물건을 납품했다면, 실제 물건값은 5월 초가 돼서야 들어오는 것이다. 그래서 쿠팡에선 물건이 잘 팔려도 걱정이란 말이 나온다고 한다.

로켓배송이 아닌 일반배송 상품 정산도 마찬가지이다.

쿠팡의 '주정산' 제도는 한 주 판매분의 70%를 우선 지급하고, 나머지 30%는 나중에 지급하는 방식이다.

3월 1일부터 7일까지 한 주 동안 물건을 팔았다면, 쿠팡은 이 판매대금의 70%를 4주 뒤인 4월 2일에, 나머지 30%는 다다음달 첫날인 5월 1일에 입금해 준다. 결과적으로 소비자가 물건을 주문한 뒤, 꼬박 두 달이 돼서야 물건값을 모두 받을 수 있게 된다.

쿠팡은 고객이 환불을 원할 때 따지지 않고 바로 해주려면, 대금을 묶어놓을 수밖에 없다고 설명한다. 그러나 네이버와 11번가 등 경쟁업체들의 평균 정산 기간은 9일에서 10일 정도이다.

똑같이 반품, 환불 관련 규정을 지켜야 하지만 정산 기간은 쿠팡보다 확연히 짧다. 게다가 최근엔 정산 기간을 더 줄인 이른바 '로켓정산' 프로그램도 도입하기 시작했습니다.

판매자들의 불만이 폭주하자, 쿠팡은 '선정산 프로그램'이라는 걸 내놨다. 하지만 말이 정산이지, 은행에서 먼저 대금을 받고 대신 이자를 내는 대출상품이었다.

쿠팡에서 당연히 받아야 하는 물건값을 연리 4.8%의 이자를 물고 미리 당겨오는 것이다. 더 황당한 건 대출받기도 쉽지 않다는 것이다. 자금 사정이 빠듯한 소상공인이 많다 보니, 대출한도가 소진돼 금세 마감되기 일쑤이기 때문이다.

만성 적자인 쿠팡은 이번 미국 증시 상장 과정에서 '지난해 영업활동으로 번 돈이 지출한 돈보다 많아졌다'고 신고했다. 2014년 로켓배송을 시작한 이래 6년 만에 처음 있는 일이다.

하지만 속을 들여다보면 착시에 가깝다. 1년 새 가장 많이 늘어난 항목은 매입채무. 그런데 매입채무는 쿠팡이 판매자들에게 아직 주지 않은 판매대금, 즉 외상값을 말하는 것이다. 지난해 매출이 급증하면서, 쿠팡이 계좌에 묶어놓은 정산금도 함께 늘어난 것이다.

판매자에게 대금을 제때 주지 않아서 현금이 많아진 듯 보이는 건데, 쿠팡은 사업 지속 가능성을 보여주는 긍정적 신호라고 자평했다.

이런 보도가 나가자 이재명은 페이스북을 통하여 다음과 같은 메시지를 남겼다.

언택트 시대에 플랫폼 경제가 중요한 것을 누가 부인할 수 있을까요. 소비자의 편의가 한층 높아지고 부가가치를 창출하는 산업이 늘어나는 것은 그 자체로 좋은 일입니다. 끊임없이 혁신하는 기업가들에게 늘 존경의 마음을 갖고 있는 이유입니다.

그러나 플랫폼 경제의 성장이 정작 그 기업을 위해 일하는 노동자와 협업하는 소상공인들을 착취하는 방식이라면 다른 문제입니다. 이윤을 위해 사람에 함부로 하는 것을 '혁신'이라 부를 수 없습니다. 기술이 발전되었을 뿐 또 다른 형태의 불공정 경제입니다.

해당 기업은 최근 미국 시장에 상장까지 한 기업입니다. 그런데 얼마 전 배달노동자들의 연이은 사망도 모자라 이번엔 소상공인들에 대한 갑질 논란입니다.

'위너 시스템'이라는 이름으로 1원이라도 싸게 파는 곳에 기존 판매자가 공들여 쌓았던 제품 사진과 상품 리뷰가 몽땅 넘어가고, 최소 50일 걸리는 정산 탓에 물건이 잘 팔려도 '흑자 도산'을 걱정해야 합니다. 대안으로 내놓은 '선정산 프로그램'은 연리 4.8%로 은행에서 돈을 빌려주는 금융 상품입니다. 아무리 직매입 방식의 새로운 플랫폼 형태이지만 소상공인 피 말리며 운영되는 지속 가능하지 않은 모델입니다.

이런 일을 바로잡으라고 정치가 있고 행정이 있는 것입니다. 특히 쿠팡의 '위너 시스템'이 공정거래위원회에서 1년 남짓 판단이 내려지지 않은 것은 대단히 안타까운 일입니다. 경제검찰이라고 할 수 있는 해당 기관들이 신속히 공정한 판단을 내려줘야 플랫폼 경제 주체들이 벼랑 끝으로 내몰리지 않고 공정하게 경쟁할 수 있습니다.

　최근 기업들이 ESG 경영에 열을 올리고 있습니다. 환경, 사회적 가치, 윤리적인 지배구조를 중시해야 지속가능한 성장이 가능하다는 것입니다. 쿠팡이 스스로 롤모델이라고 밝힌 '아마존'에게서 배울 것은 혁신의 정신 그 자체이지, 플랫폼 경제의 불평등을 상징하는 혹독한 노동환경과 갑질 운영방식은 아닐 것입니다.

08

부동산
백지신탁제

참여연대와 민주사회를 위한 변호사모임(민변)은 2021년 3월 2일 LH 직원 10여 명이 경기 광명·시흥 신도시 지정 전 해당 지역의 토지 2만3000여 ㎡(약 7천평)을 사들였다며 의혹을 제기하면서 국민의 분노가 들끓었다.

현재 투기 의혹을 받는 직원 대부분은 LH의 서울·경기지역본부 소속으로 알려졌다. 이들 중 일부는 신규 택지 토지 보상 업무 담당 부서 소속도 있는 것으로 전해졌다.

이들이 매입한 토지는 신도시 지정 지역을 중심으로 분포한 농지(전답)로, 토지 개발 시 수용 보상금이나 대토보상(현금 대신 토지로 보상하는 방식)을 받을 수 있는 곳이다.

이처럼 한국토지주택공사(LH) 직원들의 땅 투기 의혹이 제기된 가운데, 이재명의 공직자 부동산 백지신탁제 도입 주장이 재조명되고 있다.

이재명은 2020년 7월 청와대 고위공직자의 1가구 1주택 지침과 관련해 "좋은 정책과 정책 신뢰는 정책 성공의 쌍두마차"라며 국회와 정부에 공직자 부동산 백지신탁제 입법을 요청했다.

이재명은 "좋은 부동산 정책을 만들려면 정책 결정에 이해관계가 개입되지 않아야 하며, 정책 결정에 영향을 미치는 사람이 부동산 소유자라는 사실 자체가 국민에게 부동산 가격상승을 암시하므로 정책 신뢰를 위해서도 부동산 소유자가 정책 결정에 영향을 미칠 수 없어야 한다."고 지적했다.

그러면서 "결국 공정 타당한 부동산 정책을 만들고 정책에 대한 국민 신뢰를 확보하려면, 고위공직자에 대해서 주식 백지신탁제처럼 필수 부동산(주거용 1주택 등)을 제외한 부동산 소유를 모두 금지하는 부동산 백지신탁제를 도입해야 한다."고 주장했다.

최근 이재명은 자신의 페이스북에 〈LH 임직원 부동산 투기 의혹. 선의에 기댈 것이 아니라 제도화해야 합니다〉라는 글을 올렸다.

'혹시나'가 '역시나'가 되면 어떠한 정책도 먹히지 않습니다. LH 임직원의 부동산 투기 의혹은 괴담처럼 떠돌던 이야기가 현실로 드러난 것입니다. 국민의 실망과 공분이 얼마나 크실지 가늠도 되지 않습니다.

3기 신도시는 문재인 정부가 집값 안정을 위해 마련한 특단의 공급대책입니다. 정부의 정책 의지에 찬물을 끼얹고 시장에 부정적인 신호까지 주었습니다. 공기업의 존재 이유를 망각한, 국민에 대한 심각한 배신행위입니다.

발본색원과 분명한 처벌은 당연합니다. 비가 오나 눈이 오나 합의된 규칙을 지키는 것이 명백히 이익이라는 점을 분명히 해야 합니다.

문재인 대통령님께서 지시하신 전수조사와 함께, 경기도 역시 3기 신도시 전 지역과 경기주택도시공사(GH) 및 유관부서를 대상으로 한 전면적인 자체 조사에 들어갑니다.

동시에, 더이상 공직자의 자발적 청렴이나 선의에만 기댈 것이 아니라 법으로 제도화해야 합니다. 주택시장 정상화의 첫 단추로 '공직자 부동산 백지신탁제'부터 도입해야 합니다.

'부동산으로 돈 벌고 싶다면 국민의 공복이 아닌 사업가를 하라'는 확실한 시그널을 보내야 합니다. 경기도는 공직자를 대상으로 다주택 처분을 권고하고 지난 인사부터 다주택 여부를 인사에 반영토록 제도화했습니다. 대상자의 30% 넘게 다주택을 처분했고, 결과적으로 다주택자임에도 승진한 4급 이상 고위공무원은 없었습니다.

부동산임대사업은 영리 행위이므로 법률상 공직자의 영리

행위 금지조항에 따라 규제하는 것이 맞습니다. 경기도민을 대상으로 조사하니 10명 중 7명이 적절한 조치라는 조사결과도 있습니다.

신뢰가 무너지는 속도는 얻는 속도에 몇 배입니다. 국민의 무너진 신뢰를 회복하는 길은 망국적 부동산 공화국의 현실에 걸맞은 특단의 대책입니다.

공직자들의 업무는 많은 사람의 이해관계와 맞닿아 있다. 당연히 자신의 업무를 통해 얻은 정보를 이용해 사적 이익을 추구하게 된다면 그 사회는 부패할 수밖에 없다.

하지만 우리 사회는 불행히도 공직을 통해 이익을 얻지 않는 자가 드물어 보일 정도로 관료사회가 부패해 있다. 고위관료들은 거의 모두 막대한 부동산 소유자들이었다.

이번 서울시장 보궐선거에서 문제가 되었던 그린벨트를 풀어서, 자신의 소유(실제는 처가 소유) 지역을 꼭 집어서 수혜지역으로 편입시킨 사례도 있었지만, 대부분의 투기꾼은 주로 농지를 노렸다.

1960년대 이후 땅투기는 주로 농지를 중심으로 이루어졌다. 농지는 상대적으로 가격이 저렴할 뿐 아니라, 기반 정비가 잘 돼 있어 다른 용도로 전용이 용이하다. 농지가 전용되면 적게는 수 배 많게는 수십 배 가격이 폭등하여 엄청난 수익을 얻을 수 있다.

땅 투기꾼이 농지에 관심을 가질 수밖에 없다. 그렇지만 땅 투기꾼은 스스로 농지가격을 끌어올릴 힘이 없다. 그들은 국가와 자본에 의한 농지 수탈에 기생할 뿐이다.

국가와 지방자치단체는 도로, 철도, 공항, 산업단지, 주택단지 등 다양한 명목으로 농지를 수용하여 크고 작은 지역개발사업을 시행한다. 이로 인해 개발지역과 주변 지역 땅값이 폭등한다. 땅 투기를 막고 불로소득을 환수할 대책을 제대로 수립하지 않고 지역개발사업을 추진하니 돈 밝은 투기꾼이 농지를 노린다. 심지어 수지 안 맞는 농사보다는 땅이 전용돼 한몫 잡기 바라는 농민도 적지 않다.

국민이 더욱 분노하는 것은 공기업인 LH 임직원들의 농지 투기처럼 사회 지도층, 특히 공직자들이 농지 투기를 부추기고 있다는 사실이다. 최근 경제정의실천시민연합 발표에 의하면 고위공직자의 38.6%, 국회의원의 25.3%가 농지를 소유하고 있다.

우리나라는 농사지을 목적이 아니라면, 토지를 소유하거나, 새로 구입할 수 없게 되어있다. 하지만 예외적으로 상속에 의한 취득은 허용하고 있는데, 상속에 의한 취득 허용으로 인해 공직자들이 여전히 토지를 소유하고, 자신의 정책 결정 과정을 통해 막대한 불로소득을 이루도록 하고 있다. 농사지을 수 없는 사람이라면, 상속에 의한 토지는 즉시 매매하게 하는 법률 개정이 시급하다.

언제쯤 우리는 부동산 노예제 사회를 벗어날 수 있을까?

북유럽의 자본주의 복지국가 핀란드의 수도 헬싱키는 70%가 국유지이며, 자본주의 국가 싱가포르는 정부의 지속적인 국유화 정책으로 국토 대부분이 국유지이며, 자본주의 국가 대만에는 헌법에 토지평등권이 명시되어 있다.

우리나라는 싱가포르 정부의 지속적인 국유화 정책을 도입할 필요가 있다. 공공개발로 토지를 수용할 경우 수용되는 모든 토지는 LH 또는 GH 등의 소유로 할 수 있을 것이다. 이렇게 확보된 개발이익을 바탕으로 양질의 임대아파트를 보급한다면 대한민국은 더이상 부동산에 목숨을 걸지 않아도 될 것이다.

09

공공건설
원가공개

　'공공건설 원가공개'는 2002년 대선 중 노무현 대통령이 치솟는 부동산(아파트) 가격 인상을 바로잡고자 아파트 분양원가 공개를 약속했고, 취임 이후에도 공약 이행을 위한 시행방안을 지시했다. 그러나 당시 여당과 청와대 내에 원가공개에 찬성하지 않는 세력들이 신중론을 내세워 반대 논리에 군불을 지피더니, LH 공사의 임대주택 보급에도 악영향을 미치고, 위헌 소지가 있다면서 결국 아파트 분양원가 공개는 물거품이 되었던 뼈아픈 역사를 갖고 있다.

　이명박이 집권하던 당시 약 30조 원 예산이 투입된 4대강 사업을 하면서 공사대금 부풀리기, 이중 세금계산서 발행을 통해 국민의 혈세가 대기업의 비밀창고로 들어갔고, 그렇게 들어간 자금은 다시 그들과 결탁한 정치권으로 흘러 들어갔다.

노무현이 쏘아 올린 '공공건설 원가공개'는 불발탄이 되는 듯했으나, 성남시장이 된 이재명에 의해서 비록 성남이라는 작은 공간이었으나 다시 쏘아 올려졌다. 이재명은 성남시장 재임 시절 많은 반대와 협박에도 불구하고 건설원가를 공개하여 공공연하게 자행되던 비자금 조성, 부실 감리, 부정청탁, 짬짜미(담합)를 상당 부분 저지했다.

'공공건설 원가공개'는 이후 박원순이 이끌었던 서울시, 이재명이 이끄는 경기도에서 본격적으로 시행되고 있으나, 핵심적인 사항에 대해서는 여전히 공개를 안 하고 있다. 영업비밀이라는 주장을 어느 정도 받아들인 결과이다. 또한 핵심적인 사항까지 공개하려면 관계 법령을 개정해야만 한다.

2018년 8월 12일 이재명은 공공건설사업에 대한 원가자료를 공개하고 표준시장단가 적용을 추진하겠다고 발표했다. 당연히 건설업계는 영업비밀 노출에 중소건설사의 피해가 예상된다며 반발했다.

경기도는 공공건설공사의 발주계획, 입찰공고, 사업비 총액 등을 담은 계약현황을 홈페이지를 통해 공개하고 있다. 다만 원가가 담긴 공사 내역서는 정보공개청구로만 공개되고 있다. 이를 통해 공공건설사업의 투명성이 높아지고 공사비 부풀리기 등을 막을 수 있어 예산을 절감할 수 있게 되었다.

2018년 8월 이재명은 페이스북을 통하여 다음과 같은 의견을 피력했다.

"2016년 4월 성남시장 시절 전국 최초로 공사 세부 내역과 공사원가를 공개했다."며 "엄청난 비난과 반대가 있었지만, 공사비 거품이 꺼졌고 성남시는 예산 절감을 바탕으로 가성비 좋은 복지사업을 펼칠 수 있었다."고 강조했다. 이어 그는 "누군가의 부당한 이익은 누군가의 부당한 손실"이라며 "권력에 유착해 불로소득을 누릴 수 없도록 철저히 막고 도민의 삶을 바꿀 것"이라고 덧붙였다.

이재명의 행보는 여기서 끝나지 않았다. 100억 원 미만 공공건설공사에도 '표준시장단가'를 적용하도록 정부에 건의하겠다고 밝혔다.

이재명의 원가공개와 표준시장단가 적용에 건설업계는 이 같은 변화가 전국적으로 확대된다면 적정 공사비가 보장되지 않게 되고 결국 피해를 보는 것은 대형건설사보다는 상대적으로 어려운 중소중견건설사라면서 반발하고 있다.

하지만 이재명의 방침은 명확하다. 시장에서 거래되는 가격으로 공사예정가를 산출하는 것은 당연하고 합리적이다. 관급공사는 도민의 세금이 투입되는 것이므로 도민에게 원가를 공개하는 게 마땅하다. 그리고 경기도 서울뿐만 아니라 전국으로 확대되어 국민의 혈세가 엉뚱한 곳으로 새는 일이 없어야 한다.

10

선택적
모병제

대한민국 국군은 정부수립과 동시에 미군정하의 조선경비대와 조선해안경비대를 모체로 하여 창설되었으며, 국가와 민족사의 정통성을 수호하며, 국민의 생명과 재산을 보호하는 것을 사명으로 한다.

대내적으로 국군은 '국군조직법'과 '향토예비군법'에 의거 하여 육·해·공군 및 향토예비군으로 구성되며, 각 군은 부여된 고유의 임무를 지속적이고 성공적으로 수행하기 위하여 요원을 모집하여 교육훈련을 실시하는 한편, 무기체계를 발전시키고 있다. 한편 대외적으로 국제화시대를 맞아 세계의 평화유지군(PKO)에도 기여하고 있다.

대한민국의 국군은 해방 이후 정부수립과 동시에 1948년 8월

15일 정식으로 출범했다.

　대한민국 국군은 한국전쟁 이전까지는 모병제를 실시했지만, 한국전쟁 이후부터 징병제를 실시했다. 하지만 한국전쟁 중에는 강제징집을 했음으로 징병제는 한국전쟁 기간 중에 실시했다고 봐야 할 것이다. 복무기간은 1959년까지 육군, 해군, 공군 모두 36개월(3년)이었다.

　1959년에는 육군이 36개월에서 3개월로 단축된 33개월로 줄인다. 하지만 공군과 해군은 36개월로 변함이 없었다. 1961년에는 3개월이 더 단축되어 30개월로 줄어드는데 이것 역시 육군에 한해서였다. 해군과 공군은 무려 6개월이나 더 근무했으나, 해군과 공군은 육군에 비해서 휴가 일수가 더 길었다. 그리고 제복도 더 멋있었다. (이건 순전히 필자가 보기에)

　1968년 1월 21일 이른바 김신조 일당이 서울 북악산까지 침투한 사건이 있었는데 박정희 정부는 비상사태를 선포하고 이를 빌미로 육군은 36개월로 공군은 39개월로 늘렸다.

　1977년엔 육군이 다시 33개월로 단축되고, 1979년엔 공군과 해군이 35개월로 단축된다.

　1984년엔 육군 30개월, 해군은 32개월로 단축되고 공군은 그대로 유지된다.

　1993년엔 육군 26개월, 해군과 공군은 30개월로 단축되고, 1994년엔 해군이 28개월로 단축되었다.

2003년엔 육군 24개월, 해군 26개월, 공군 28개월로 단축되고, 2011년엔 육군 21개월, 해군 24개월로 단축되었다.

2021년 현재는 육군 18개월, 해군 20개월, 해병 18개월, 공군 19개월 근무하고 있으며 의무경찰, 해양의무경찰, 의무소방 등 전환복무가 가능하며, 대체복무 방법 또한 다양하다.

징병제를 실시하고 있지만, 고위공직자들의 군미필자 비율은 일반 국민과 비교하면 현격히 높아서 특혜 시비가 끊이지 않고 있다. 체육인들 중에는 올림픽에서 금은동 메달을 따거나, 아시안게임 금메달을 따면 군대를 면제해주는데 과연 이것이 형평성에 맞는지에 대한 논란은 끊이지 않고 있다.

각종 대체복무라던지 군대 면제 사유를 악용하는 사례들이 주로 부유층 아들에게서 일어나면서, 군복무를 일종의 남자로서 짊어져야 할 형벌로 생각하는 사람들 또한 적지 않은 것이 현실이다. 돈 없고 빽 없는 사람만 현역으로 간다는 의식이 팽배해 있는 것도 현실이다.

현행 제도상으로 보면 18개월 복무하여 총 병력 50만 명으로 유지하게 되어있으나, 인구절벽으로 인하여 2035년엔 50만 명을 유지하기 어려울 것으로 보인다. 그렇기에 대한민국의 국군은 현대화를 통하여 더욱 효과적인 군대로 체질 개선을 해야 하는 숙제를 안고 있다.

참여연대 평화군축센터의 연구에 따르면, 현역 복무기간을 1

년까지 줄여서 30~40만 명 규모로 만들 수 있다고 한다. 이는 한국군의 북진계획을 제거하는 효과를 주기 때문에 북한에서도 복무기간 단축으로 화답할 수 있을 것으로 기대된다.

의무경찰 등 전환복무는 2022년까지 단계적 감축을 통해 더이상 배정하지 않기로 했다. 이는 병력자원이 부족해서이다. 인구절벽이 모병제를 가로막는 최대 걸림돌이 된 형국이다.

하지만 현대전이 최첨단 무기에 의해서 승패가 좌우되는 점을 고려할 때 50만 명을 유지하려는 정책은 재고해 볼 필요가 있다. 30만 정도의 병력을 유지하는 대신에 최첨단 무기로 무장한다면 전쟁을 억지하는데 충분하다는 의견도 있다. 인구절벽은 이미 현실이 되었다. 그렇다고 50만 명을 유지하기 위해서 군복무 기간을 늘릴 수도 없다.

모병제는 전국민적 지지를 받기도 어렵다. 군대 가기 전의 청년들에겐 관심사이지만, 현역복무를 마치고 사회에 정착한 세대들에겐 대한민국의 현실이 징병제를 포기하고 모병제를 실시할 정도로 한가롭지(?) 않다고 보는 시각이 많다.

이재명은 성남시장으로 지난 대통령선거 경선에 나서면서 '선택적 모병제'를 제시했다.

이재명의 국방정책의 핵심은 '자주국방'이다. 주한미군 철수까지 각오하는 자세로 국방정책을 수립할 필요가 있다는 것이다. 주한미군이 미국의 안보적 필요성에 의해 유지되고 있는 것이어서 철수할 확률이 낮기 때문에 미국(트럼프) 행정부의 '흥정'에 오히려 '강대강'으로 나서야 한다는 계산이다.

이재명은 "우리나라 방위비가 40조 원이 넘고, 북한은 1조 원대에 불과하다. 이런 상태에서 미군 지원이 없으면 자주국방이 안 되니까 미국이 해달라는 대로 다 해주자는 것은 말이 안 된다."며 "미국이 부당하게 방위비 증액을 요구하면서 철수하겠다 해도, 제가 볼 때 가능성이 거의 없다. 자기들 군사이익 때문에 철수할 수 없는 상태니까, 주한미군 철수를 각오하고 자주국방을 하는 진정한 자주국가로 태어나야 한다."고 주장했다.

국방개혁 방안으로는 '선택적 모병제'를 제시했다. 복무기간을 10개월 정도로 단축하고, 전문 전투요원 · 무기장비요원 10만 명 정도를 모병제를 통해 확보하는 방식이다. 일반 모병제를 할 경우 부자들이 군에 가지 않게 되는 상황을 막고, 군전력도 강화하는 효과가 있다는 것이다.

대한민국의 군대는 징병제를 포기할 수 없다면, 복무기간을 최소화하고, 10만 명 이상의 전문 군인을 모병제로 모으는 것이 현실적인 대안이 될 것이다. 또한 군필자에 대한 각종 우대정책이 강화될 필요가 있다. 이미 군대는 누구나 가는 곳이 아니다. 그렇기 때문에 군대에서 18개월 이상을 희생한 청춘에 대해서는 그에 따른 마땅한 보상이 있어야 할 것이다. 모병제 실시가 어렵다 하더라도 지속적인 일반 병사들의 급여 인상을 통하여 최저임금에 준하는 급여가 지급된다면, 젊은 청춘 시절 군대에 가야 하는 수많은 젊은이에게도 큰 위로가 될 것이다.

이번 2022년 대통령선거를 통하여 모병제와 징병제에 대한 진지하고 건설적이며 미래지향적인 토론이 있기를 기대한다.

11

10년 된
이해충돌방지법

LH 사태 이후 공직에 복무하는 사람들이 사적 이윤추구를 위해 업무상 알게 된 미공개 정보를 이용하는 것을 방지하기 위한 조치로 이해충돌법의 제정을 요구하는 목소리가 높아지고 있다.

이해충돌법에 관한 논의는 LH 사태 이전부터 있어 왔고, 수많은 정치인이 약속했으며, 더불어민주당도 기회가 있을 때마다 약속해왔다. 하지만 이해충돌법은 국회의원들의 이해를 조정하지 못하고 지금까지 제정되지 못하고 있다.

이해충돌법이 진작에 제정되었다면, LH 사태 이후 대혼란은 어느 정도 수습이 되었을 것이다. 180석의 거대 여당임에도 불구하고, 야당과의 조율을 거친다면서 차일피일 미루다가 LH 사태를 맞고 대책 없이 무너진 것이다. 이해충돌법이 공무원들의 비리를 원천적으로 막을 수는 없지만, 만일 법을 어기게 된다면 수십 배의 징벌적 벌금이 가능하므로, 감히 시도하지 못하게 하는 예방적 효과가 있을 것이다. 공무원들이 법을 어겨가면서까지 사적 이익을 추구하는 것은 그만큼 법이 솜방망이 처벌에 그쳤다는 방증이기도 하다.

이해충돌법은 2012년 이른바 김영란법(부정청탁 및 금품 등 수수금지법)과 함께 발의됐지만, 적용대상과 범위가 모호하고 포괄적이라는 이유로 의원들의 반대에 부딪혔다.

이해충돌법은 이후에도 야당의 강한 반발로 해마다 무산이 되었으며, 180석의 의석을 갖고도 입법을 하지 못하는 민주당에 대해서 비판이 쏟아졌다. LH 사태가 일어난 직후 곧바로 입법될 것으로 기대했으나, 4월 7일 보궐선거 직전에 입법은 또 무산되었다.

2021년 3월 25일 이해충돌법이 또다시 무산된 이후 이재명은 페이스북에 〈언행일치가 국민의 신뢰를 회복하는 유일한 길〉이라는 글을 올리면서 다시 한번 민주당에 입법을 촉구했다.

LH 공직 투기에 대한 국민적 분노의 저변에는, 근로소득자 위에 불로소득자가 군림하며 땀 흘려 일하는 사람을 피눈물까지 흘리게 하는 토지계급화 사회, 정권은 바뀌어도 국민의 삶은 바뀌지 않는 정치효용감 '0(제로)'의 현실이 있습니다. 그리고 국민의 삶이 바뀌지 않는 이유는, 우리 정치가 여전히 90% 이상은 말뿐이고, 실천은 10%도 안 되기 때문입니다.

이목지신(移木之信)이란 고사가 있습니다. 〈상군서〉 저자이자 진나라 재상이었던 상앙이 '3장 높이의 나무막대기를 도성 남문에서 북문으로 옮기면 금 50냥을 주겠다'는 터무니없는 약속을 하고, 실제로 약속을 지켜 보임으로써 정치에 대한 신뢰를 세웠던 일화에서 나온 말입니다. 이렇게 얻은 신뢰를 바탕으로, 상앙은 신분이나 지위고하를 가리지 않는 엄격한 법치로 부국강병을 이뤄 대륙 통일의 토대를 닦았습니다.

언행일치는 정치에 대한 국민의 신뢰를 만드는 유일한 방법입니다. 또한 정치에 대한 신뢰가 있어야만, 기득권 세력의 가공할 저항이 있더라도 국민의 압도적 동의와 지지를 업고 국가와 사회의 개혁을 달성할 수 있습니다.

4년 전국민으로부터 적폐청산과 개혁의 과업을 부여받았던 우리 민주당은, 개혁 성공의 전제조건이나 다름없는 국민의 신뢰가 흔들리고 있다는 점에 가장 절박한 위기감을 가져야 합니다. 불과 얼마 전까지도 국민께서는 부동산가격 폭등, 코로나19, 경제위기 등 3중고로 고통받으면서도 한결같이 정부 지침을 따르며 높은 국정운영 지지율을 보여주셨습니다. 그러나 LH 사태는 국민께 법 준수와 고통 분담을 내세워온 공직자들이 뒤로는 반칙을 일삼으며 오히려 국민 고통을 가중시켜왔

음을 드러내어, 국민께 크나큰 배신감을 안겨드렸습니다.

국민께선 이미 어느 쪽이 고인 물이고, 어느 쪽이 새 물인지를 되묻고 계십니다. 지금 같은 상황에서는 10년째 이해충돌방지법 처리를 발목을 잡아 온 것이 어느 쪽인지는 중요하지 않습니다. 오직 국정을 책임진 우리 민주당이, 얼마나 책임 있게 약속한 바를 이행하는지를 국민께선 지켜보고 계십니다.

'국민의힘' 당이 계속해서 신중한 심의를 평계로 이해충돌방지법을 무산시키려 한다면, 국민의힘을 배제하고라도 신속하게 비교섭단체와 힘을 합쳐 국민이 요구하는 입법을 성사시켜야 합니다. 시간이 얼마 남지 않았습니다.

그리고 마침내 4월 14일 이해충돌방지법을 발의한 지 9년 만에 국회 정무위원회 소위원회에서 의결했다. 그리고 이 책의 집필을 마치고 교정을 보고 있는 중 4월 30일 국회 본회의를 통과했다.

이 법안에 따르면 부동산 관련 직무를 맡은 공직자는 본인과 배우자는 물론 본인과 함께 사는 직계존비속(배우자 가족 포함)도 부동산 보유 및 매매 현황을 신고해야 한다.

부동산 관련 공공기관의 임직원은 부동산을 보유하거나 매수했을 시 14일 이내에 신고해야 한다. 기타 공공기관은 공직자가 해당 기관의 토지개발 행위를 숙지했을 때 14일 이내에 신고하도록 했다.

가족 채용 제한 폭도 정부안에 비해 확대했다. 정부는 가족 채용 제한 대상을 '공공기관'으로 한정했으나 여야는 공공기관 산하 기관과 공공기관이 투자한 자회사도 대상에 추가했다. 아울러 고위공직자는 소속 기관이나 산하기관, 자회사와 수의계약을 체결할 수 없다. 또 고위공직자의 가족이나 특수관계사업자와도 수의계약을 체결할 수 없도록 규정했다. 법 적용을 받는 공직자는 최대 190만 명에 달할 것으로 추산된다.

이제 국회 본회의를 통과한 이해충돌방지법은 대통령의 공포 절차만을 남겨두고 있으며, 이 책이 출판될 때에는 이미 법률안이 공포된 이후일 것이다.

12

필리버스터와
테러방지법안

많은 국민이 '테러방지법안'을 기억하고 있을 것이다. 어쩌면 이 법안보다는 이 법을 막기 위한 민주당을 포함한 당시 야당 국회의원들의 릴레이 필리버스터를 기억할지도 모른다.

이 법안은 이철우 새누리당 의원이 2016년 2월 22일 대표 발의한 '국민보호와 공공안전을 위한 테러방지법안(이하 테러방지법안)'으로 핵심은 국가정보원(국정원)의 권한이 비대해진다는 점이다. 테러방지법안 제9조는 국정원장이 테러 위험인물에 대해 정보를 수집할 수 있는 권한을 독점하도록 규정하고 있다.

이 조항에 따라 국정원은 대공·방첩 분야가 아닌 테러 의심자도 감청과 금융정보 수집이 가능해진다. 감청은 법원 영장이 필요하지만, 금융정보 수집은 영장도 필요 없다. 또 테러위험 인물의 개인정보와 위치정보를 통신 사업자나 포털 사업자 등에게 요구할 수 있다. 개인정보에는 신념, 노조·정당 가입, 정치적 견해, 성생활 등 민감한 정보가 포함돼 있다. 국정원의 권력이 무소불위로 커지는 셈이다.

이 법안을 반대하던 민주당은 2월 23일부터 저녁 7시 5분 국회 본회의장에서 김광진 더불어민주당 의원을 시작으로 릴레이 '무제한 토론'(필리버스터)을 벌이며 세상의 이목을 집중시켰다. 5시간 32분 동안 연설한 김광진 의원에 이어 문병호 국민의당 의원이 연설했고, 은수미 더불어민주당 의원이 바통을 이어받아 10시간 18분 동안 연설했으며, 24일 오후 박원석 정의당 의원이 다음 주자로 나섰다. 야당 의원들이 나서서 릴레이 필리버스터를 한 이유는 테러방지법안의 본회의 의결을 막기 위해서였다.

테러방지법안을 저지하기 위한 필리버스터는 3월 2일 이종걸 의원까지 9일 동안 계속되었으나, 다음 회기에 통과되었다.

이재명도 이때 테러방지법안에 대해서 "테러 혐의자라고 지정하면 자기들 마음대로 할 수 있는 거 아닌가? 결국 '귀에 걸면 귀걸이, 코에 걸면 코걸이' 식으로 국정원이 마음대로 낙인찍을 수 있다는 것이다. 영장을 받아서 하면 지금도 할 수 있는데 그러면 그 법 왜 만드는가? 영장을 만들어서 하는 거라면 지금 있는 법으로도 충분히 가능하다. 테러혐의자가 폭력혐의자 아닌가. 다 가능하다. 이게 현행법으로 가능하다면 할 필요가 없는 것이고,

현행법으로 가능하지 않다면 그런 거 하면 안 되는 거다. (국정원이) 법이 없어서 북한이 핵실험 하는 것도 몰랐나? 실제로는 안한 거나, 아니면 댓글이나 쓰고 정치개입 하느라고 일을 안 한 거다. 이런 권한 주면 내가 보기에는 엉뚱한 데에 남용할 가능성이 거의 90%이다"라고 말했다.

테러방지법안에 대한 국민 반대의견도 많았다. 그리고 테러방지법안을 강행 처리했던 박근혜는 탄핵이 되었고, 다음 국회의원 선거에서는 민주당이 승리했다.

필리버스터를 해서라도 막겠다던 민주당은 왜 이 법안을 폐기하지 않는가? 이미 사문화된 법안이라고 생각하고 있는 것인가? 아니면 그때는 반대했지만, 지금은 테러방지법안의 효용성을 인정하고 있다는 것인가? 당시 필리버스터를 통해서 10시간 동안 연설했네 하면서 신기록을 세웠다고 자랑할 것이 아니라, 국회 절대다수가 된 지금 마땅히 이 법안을 폐기해야 할 것이다.

이뿐이 아니다. 민주당은 '국가보안법'에 대해서도 전에는 폐기를 주장했다. 하지만 헌법을 바꾸는 것 빼고는 다 할 수 있는 의석을 보유하고 있는 지금 국가보안법 폐기는 말도 꺼내지 않고 있다.

내가 보기에 민주당은 참으로 비겁하다. 개혁하라고 준 절대 의석을 갖고도 무엇을 개혁해야 하는지 몰라 우왕좌왕하고 있다. 과거 소수 야당이었을 때 하고 싶어도 못했던 거, '테러방지법안', '국가보안법' 폐기를 언제까지 미룰 것인가? 필리버스터에 이름을 올린 의원 중에는 국민의당 권은희도 있고, 지금은 국민의힘에 가 있는 이언주도 있다. 법무부장관을 지낸 추미애도 있으며, 중기부 장관을 지낸 박영선도 있었다. 이 법안이 폐기되지 않고 여전히 존재한다는 것이 신기할 따름이다.

이번 보궐선거에서 패배한 것은 바로 민주당의 개혁에 머뭇거리는 이런 태도에 대한 민심의 질타인 것이다. 그리고 민주당 지지자들이 오랫동안 염원했던 법안의 통과를 통하여 제대로 된 민주주의 국가를 만들어가야 할 것이다. 그게 김대중 정신이고, 노무현 정신인 것이다. 현충원, 봉화마을에 가서 뜻을 이루겠다고 방명록에만 쓰지 말고 국회에서 그 뜻을 과감하고 신속하게 펼쳐야 할 것이다.

13

세월호의
진상규명

2014년 4월 16일 대한민국 전체는 멈췄다. 제주도로 수학여행을 떠나던 고등학생들이 대부분이던 세월호가 진도 인근 해상에서 통째로 침몰하던 장면을 지켜만 보고 있어야 했기 때문이다.

이날 세월호 참사로 승객 304명(전체 탑승자수: 476명, 사망자 299명, 실종자 5명, 생존자 172명)이 사망·실종되었다.

세월호가 침몰하던 7시간 동안 어디에 있었는지조차 밝히지 않던 박근혜는 이후 리더십에 심각한 타격을 입었으며, 세월호 참사의 진실규명은 지금까지 이루어지지 않고 있다.

세월호의 진실규명을 약속하며, 광화문에서 단식까지 했던 문재인이 대통령이 되면서 진실규명이 머지않았다는 기대가 컸으나, 임기가 다 지나도록 진실규명은 이루어지지 않고 있다.

이재명은 세월호의 깃발이 만들어진 이후 줄곧 성남시청에 세월호기를 내걸고 진실규명을 외쳤다. 많은 정치인처럼 세월호 배지를 다는 것은 기본이었다. 그리고 경기도 지사가 된 이후에도 경기도청에 세월호기를 달았다.

세월호의 변호사 박주민은 국회의원이 되었다. 하지만 7년 동안 진상규명은 제대로 이루어지지 못하고 있다.

문재인 대통령은 2021년 4월 16일 세월호 참사 7주기를 맞아서 "나라다운 나라를 만들어보자는 국민의 외침을 잊지 않고 있다."라며 "사회적 참사 특별조사위원회를 통해 성역없는 진상 규명이 이뤄지도록 끝까지 챙기겠다."라고 밝혔다. 아울러 "속도가 더뎌 안타깝지만, 그 또한 그리움의 크기만큼 우리 스스로 성숙해 가는 시간이 필요한 까닭"이라며 "진실만이 비극을 막고, 생명이 소중한 사회를 앞당겨 줄 것"이라면서 진상규명의 중요성을 거듭 강조했다.

이재명은 이날 추도사에서 "부족한 것이 있다면 채워 넣으면서, 느리더라도 포기하지 않고 기억이 살아있는 한, 움직일 힘이 조금이라도 남아있는 한 우리는 그 길로 가야 한다. 그것이 바로 살아남은 우리에게 남겨진 숙제"라고 말했다.

이재명은 참사가 벌어진 지 벌써 7년이 지났다는 점을 언급하며 "세상 만물이 그러하듯 시간이 흐르면 흐를수록 기억도 풍화를 겪고 흐릿해지기 마련이다. 그러나 세상 모든 게 풍화로 스러져도 결코 잊을 수 없는 그 날, 다시 잔인한 봄"이라고 희생자들을 기억했다.

이재명은 "한 톨의 의혹도 남기지 말자"라는 유가족들의 호소는 과거에 붙들려 살자는 것이 아니라 더 나은 오늘과 내일을 만들기 위한, 모두가 안전한 나라를 만들기 위한 처절한 외침이라고 했다. 이어 "이제 '4·6 생명안전공원'이 조성된다. 그 자체로 희생자의 넋을 위로하는 추모비이자 망각 속에 사라지는 그 이름을 끊임없이 불러내는 '기억의 공간'이 될 것"이라며 "우리는 영원히 기억할 것이고, 그 기억은 우리를 움직이는 힘이 될 것"이라고 강조했다.

이재명은 "모든 국민이 안전한 나라, 국가가 국민을 앞장서 지키는 나라를 만들기 위해 모든 노력을 다하겠다"며 "'국가란 무엇인가, 국가는 왜 존재하는가'라는 물음에 주저하지 않고 자신 있게 답할 수 있을 때까지 멈추지 않겠다."고 밝혔다.

세월호의 정확한 침몰원인은 여전히 속 시원하게 밝혀지지 않고 있다. 세월호와 국정원과의 연관성도 규명되지 못했다. 곧 세월호 사고에 대한 진상규명을 이루어질 것이다. 하지만 이재명의 말처럼 세월호가 우리에게 주는 교훈은 '국가란 무엇인가, 국가는 왜 존재하는가'이다. 세월호가 침몰하는 동안 그곳엔 제대로 된 국가가 없었다. 그리고 문재인 정부를 거치면서 재난에 국가가 어떻게 대처해야 하는지 매뉴얼이 완성되어 가고 있다.

어쩔 수 없이 세월호 사고에 대한 진상규명은 다음 대통령의 몫이 되었다. 이재명에 대한 기대가 클 수밖에 없는 이유이다.

작은 일 잘하는 사람이 큰일도 잘합니다. 작은 일도 못 하는 사람에게 큰일 맡기면 갑자기 잘할 수 없습니다. 작은 권력에 부패한 사람은 큰 권력에는 더 부패합니다. 기득권자이거나 기득권과 결탁한 자는 기득권과 싸우지 않고, 기득권자와 싸우지 않으면 적폐청산 공정사회 건설은 불가능합니다.

이재명,
한다면 한다

제5장

억강부약 대동세상을 향하여

01

전투형
노무현

국민에게 정치인 이재명이 선명하게 각인된 때는 2016년 박근혜 최순실 국정농단을 규탄하는 촛불집회 때였다.

박근혜 최순실의 국정농단 소식을 접한 시민들은 누가 먼저랄 것도 없이 광화문광장과 서울광장 사이에 있는 소라광장에 모여들었다. 애초 2천 명 정도 모일 것으로 예상했으나 2만 명이 모여들어 촛불을 밝히었다.

이날 집회에는 이재명 성남시장, 정의당의 노회찬 의원, 민주당의 송영길 의원이 참석하였다. 이날 모인 시민들의 분명한 요구는 박근혜의 즉각적인 하야였다. 촛불 시민들이 하야를 외칠 때 정치권은 2선 후퇴를 얘기했다. 당시 제1야당이자 원내 2당인 더불어민주당의 구호는 꽤 오랫동안 '대통령은 국정에서 손 떼라'였다.

제1차 촛불집회가 열리던 2016년 10월 29일 소라광장에 나도 있었다. 가을이 지나가고 이제 겨울로 접어들기 시작한 때였다. 날씨도 제법 쌀쌀했다. 이날이 바로 긴 겨울을 뜨겁게 만들었던 촛불집회의 대장정이 시작된 날이었다.

그날 촛불 시민들의 열기를 보면서 우리는 대한민국 민주주의의 새로운 페이지를 쓰고 있다는 것을 느꼈다. 비록 이루 말할 수 없는 쪽팔리는 대통령을 둔 국민이지만, 이 겨울이 지나고 나면 혁명적인 변화가 일어나리라는 것을 느낄 수 있었다. 그날 집회의 마지막쯤 마이크를 잡은 이재명의 사자후를 듣고 나서는 단순한 느낌이 아니라 확신을 갖게 되었다.

이날 나는 이재명의 연설을 처음 들었다. 살아오면서 내가 직접 보고 감명을 받았던 연설은 그때까지 네 번이 있었다.

87년 민주화 투쟁 이후 처음 실시되는 대통령선거에서 의정부에 방문했던 김대중 후보의 연설이 처음이었다. 사람이 너무 많았고, 마이크 시설도 좋지 않아서인지 뭔 얘기를 하는지는 잘 들리지 않았지만 존경했던 김대중 선생의 쩌렁쩌렁한 울림은 내 가슴을 뛰게 했다.

그리고 문익환 목사님과 백기완 선생의 연설은 집회현장에서 자주 들었다. 들을 때마다 깊은 울림이 왔으며, 지금까지 살아오면서 내 삶의 이정표를 세워준 분들이다.

마지막으로 노무현 대통령의 연설을 잊을 수가 없었다. 노무현의 연설은 부드러운 직선이라고 해도 좋을 거 같았다. 지금은 이 세상에 없지만, 노무현이 만들고자 하는 세상은 여전히 진행형이다. 특히 노무현이 대통령에 당선된 직후 혜화동 자택 앞에서 지지자들에게 한 연설을 그 자리에서 듣고나서 '함께 가자 우리 이 길을' 노래를 함께 부르던 기억이 아직도 뚜렷하다.

그리고 역사적인 촛불집회의 서막을 알리는 이날 이재명의 연설을 보면서 나는 전투형 노무현을 보았다. 적폐세력과 대충 타협하지 않고 반드시 굴복시킬 지도자 이재명을 보았다.

이날 촛불집회에서 이재명의 명연설은 유튜브를 통해서도 쉽게 볼 수 있다. 나뿐만 아니라 『마이너리티 이재명』의 저자 김용민 PD도 그곳에 있었다면서 그 명연설을 언급하는 거 보면, 이날 이재명의 연설은 많은 사람에게 영감을 준 것임이 틀림없다.

대통령은 나라의 지배자가 아니라 국민을 대표해서 국민을 위해 일하는 머슴이요 대리인일 뿐입니다. 그런 그가 마치 지배자인 양, 여왕인 양 대한민국 민주공화국을 우롱하고 있습니다. 국민은 지금까지 저질러 온 부패와 무능과 타락을 인내해 왔습니다. 300명이 죽어가는 그 현장을 떠나서 어딘지 알 수 없는 곳에서 7시간을 보낸 사실도 우리가 지금까지 참아 왔습니다. 평화를 해치고 한반도를 전쟁의 위험으로 빠뜨리는 것도 우리가 견뎌왔습니다. 국민의 삶이 망가지고, 공평하고 공정해야 할 나라가 불공정하고 불공평한 나락으로 떨어질 때도 우린 견뎌왔습니다. 그러나 그 대통령이란 존재가 국민이 맡긴 위대한 정치 권한을 근본도 알 수 없는 무당의 가족에게 통째로 던져버린 것을 우리는 용서할 수 없습니다. 우리가 힘이 없고 돈이 없지만 가오가 없는 것은 아닙니다. 우리는 나라의 주인이고 박근혜의 월급을 주고 있고 박근혜에게 권한을 맡긴 이 나라의 주인입니다. 박근혜는 이미 국민이 맡긴 무한 책임자에 대한 권력을 근본도 알 수 없는 저잣거리 여자에게 던져 주고 말았습니다. 박근혜는 이미 대통령으로서의 권위를 잃었습니다. 박근혜는 이미 이 나라를 지도할 기본적인 소양과 자질조차 없다는 사실을 국민 앞에 스스로 자백했습니다. 박근혜는 이미 대통령이 아닙니다. 즉각 형식적인 권력을 버리고 하야해야 합니다. 아니 사퇴해야 합니다. 탄핵이 아니라 지금 당장 권력을 놓고 집으로 돌아가십시오. 이 나라의 주인이 명합니다. 박근혜는 국민의 지배자가 아니라 우리가 고용한 머슴이고, 언제든지 해고해서 그 직위에서 내쫓을 수 있습니다. 일각에서는 하야하면 혼란이 온다, 탄핵하면 안 된다, 이렇게 말하고 있습니다. 저는 확신합니다. 지금 전쟁의 위기를 겪고, 나라가 망해가도 수백 명의 국민이 죽어가는 현장을 떠나버린 대통령이 있는 것보다도 더 큰 혼란이 있을 수 있습니까? 지금보다 더 나빠질 수 있습니까? 대통령이 떠난다고 해서 우리의 삶이 지금보다 더 나빠지고 한반도가 더 위험해지겠습니까? 더 나빠질 게 없을 만큼 망가졌습니다. 더 위험할 수 없을 만큼 위험합니다. 그래서 박근혜 대통령은 이미 대통령이 아니기 때문에 국민의 뜻에 따라 지금 즉시 옷을 벗고 집으로 돌아가십시오. 민주공화국을 위하여 우리가 싸워야 합니다. 공평한 기회가 보장되는 평등한 나라를 위하여, 공정한 경쟁이 보장되는 진정한 자유로운 나라를 위하여, 전쟁의 위험이 없는 평화로운 나라를 위하여, 생명의 지배가 없는 안전한 나라를 위하여 우리가 싸울 때입니다. 박근혜를 내몰고 박근혜의 몸통인 새누리당을 해체하고, 기득권을 격파하고 새로운 길로 나아갑시다. 우리가 싸우면 우리가 힘을 합치면 우리가 이길 수 있습니다. 새로운 역사를 만들 수 있습니다. 과거의 나쁜 구조를 깨고 새로운 길, 희망의 길을 만들 수 있습니다. 함께 싸웁시다.

이날 연설에서도 이재명의 머슴론이 나온다. 나중에 문재인 대통령의 트레이드 마크가 된 "기회는 평등할 것이며, 과정은 공정할 것이며, 결과는 정의로울 것"이라는 이야기도 나온다. 하지만 그것보다 더 중요한 것은 처음으로 박근혜의 하야를 주장했다는 것이다. 그것이 바로 촛불 민심이기도 했다.

광장에 200만이 넘게 모일 때까지도 정치권은 '거국내각 구성', '명예로운 2선 후퇴'였다. 유력 대권후보였던 문재인 역시 그러했다. 촛불광장에서 수많은 사람이 박근혜 퇴진을 외치고 있을 때 문재인 당대표를 비롯한 민주당 국회의원들이 '대통령은 국정에서 손 떼라' 팻말을 들고 앉아 있던 모습은 지금까지(대통령이 된 지금까지) 내가 본 문재인 모습 중 가장 비루했던 모습이었다.

물론 당시 문재인 대표가 즉각적인 퇴진을 요구했다면 '대통령 선거를 빨리해서 당선 가능성을 높이려 한다'는 역풍을 우려했을 것으로 보인다. 민심이 더 폭발하는 순간을 기다렸을 지도 모른다. 하지만 난 여전히 그 선택은 잘못된 선택이라고 생각한다. 결과는 정의로울 수 있었지만, 과정은 비겁했다고 생각한다. 이건 어디까지나 나의 생각이다. 민심의 성난 파도가 폭군의 배를 뒤집어 엎어버리는 절정의 순간까지 기다리는 것이 매우 합리적이라고 생각하는 사람도 있을 것이다. 이유야 어찌 되었든 우리는 광장에서 '박근혜 퇴진'이라는 하나 된 구호로 만나게 되었다.

정치인은 늘 그랬다. 민중이 저만치 가시밭길을 헤치고 나오면 꽃길을 깔고 걸어왔다. 우리는 그래서 민중들과 함께 걸어가거나 먼저 걸어가는 정치인에게 열광한다. 그 첫 정치인이 바로 노무현이었다. 그리고 지난 그 추운 겨울 촛불집회 현장에서 이재명이 그랬다.

이재명은 이후 촛불집회에도 자주 나타났다. 변방의 사또 성남 시장이란 지위라 그런지 크게 주목받지는 못했지만, 이재명은 촛불집회에 분노한 시민의 한 사람으로 참석을 했다.

12월 3일 6차 촛불집회에는 헌정사상 가장 많은 232만 명이 모여들었다. 정치권도 모두 '박근혜 퇴진'을 외치게 되었다. 이날 밝힌 민심의 촛불이 12월 9일 국회에서 탄핵소추안이 가결되게 하는 결정적인 역할을 하게 되었다.

12월 3일 6차 촛불집회에도 이재명이 나타났다. 정치인들에게는 마이크를 넘기지 않았던 주최 측의 방침으로 인해 정치인들은 본무대에서 발언할 수가 없었다.

본 집회를 마치고 거대한 행렬이 청와대로 향하고 있을 때였다. 효자동 로터리에서 이재명을 발견한 시민들이 이재명을 환호했다. 그때 이재명은 제대로 된 연단도 없는 곳에서 마이크를 잡고 촛불집회 기간 중 두 번째 연설하게 된다. 공교롭게도 이 순간에도 나는 거기에 있었다.

이날 연설의 핵심은 "박근혜 퇴진시키고 청와대 정문 나서는 순간 구치소 보내자"라고 할 수 있다.

대한민국은 민주공화국이고 우리는 공화국의 일원으로 평등과 자유를 누릴 권한이 있습니다. 그러나 지금까지 우리는 단 한 번도 공평하게 대우받은 일이 없습니다. 오로지 이 사회

기득권자들, 나라 팔아먹고 국민을 학살하고 쿠데타를 일으키고 이 나라의 기득권을 차지한 그 소수의 특권층만 자유와 평등을 누렸습니다. 우리는 언제나 지배당했습니다.

이제 이 나라를 정상으로 되돌려야 합니다. 가진 자들에게 법은 부당한 이익을 얻기 위한 수단이었고, 총으로부터 보호하기 위한 방패였고, 다수의 우리 약자들을 쟁탈하는 무기였습니다. 자유는 우리가 아니라 특정한 소수만 누렸습니다. 이제 모두가 실질적으로 자유로운 나라, 모두가 평등한 민주공화국 우리 손으로 완성합시다!

이번 사태를 우리가 되돌아봅시다. 이번 사태의 몸통이 최순실입니까? 바로 박근혜입니다. 박근혜는 몸통입니까? 머리입니까? 이 사건의 몸통은 박근혜도 아닙니다. 새누리당이 집권을 위해서 박정희 향수를 이용해서 집권하려고 만든 생각도 없는 인형이었습니다. 이 사태의 몸통은 새누리당입니다. 새누리당이기 때문에 박근혜는 구속하되 새누리당은 해체로 책임져야 합니다. 그런데 우리가 간과하고 있는 게 있습니다. 몸통은 새누리당이고 김무성, 서청원, 유승민, 이정현은 손발이자 심장, 장기들이지만 그 뿌리는 바로 재벌들입니다. 친일자본이었고 독재세력으로부터 특혜를 받았고 국민의 세금으로 살찌웠고 지금은 이 나라 정치권력을 포함한 모든 권력을 독점했던 바로 그 재벌들이 이 사건의 뿌리라고 생각하는 데 동의하십니까? (예!) 이제 박근혜는 구속으로 새누리당은 해산으로 책임을 묻고 삼성과 SK 등 재벌을 해체함으로써 그 책임을 물어야 합니다. 저들은 특권을 이용해서 부정하게 축재했습니다. 노동자를 탄압하고 부당하게 이득을 얻었습니다. 중소기업을 착취하고 기술을 탈취해서 창고에 무려 750조의 현금을 쌓아놓고 이 나라 경제를 망친 책임자입니다. 이제 재벌체제를 해체하고 노동이 존중되고 많은 사람이 공정하게 기회를 누리고 공정한 경쟁질서 속에 기여한 만큼 배분되는 그런 나라 우리의 손으로 만듭시다!

여러분께 묻겠습니다. 박근혜를 퇴진시키고 이 청와대 정문을 나서는 순간 구치소로 보내고 싶습니까? (예!) 그러면 싸웁시다! 박근혜를 퇴진시키기 위해서 탄핵하는 데 동의하십니까? (예!) 그러면 함께 싸웁시다! 새누리당 해체로 책임을 묻는 데 동의하십니까? (예!) 그러면 싸웁시다! 정계 은퇴할 그 책임자들을 반드시 이 정치권에서 내몰고 싶습니까? (예!) 그렇다면 함께 싸웁시다! 재벌체제 해체하고 노동이 존중되고 기여한 만큼 배분받는 기회 공정한 나라 만들고 싶습니까? (예!) 그러면 싸웁시다! 법이 만인에게 평등하고 나라의 주인이 국민이고 민주공화국의 가치가 살아있는 진정한 자유대한민국 함께 만들겠습니까? (예!) 함께 싸웁시다.

여기는 바로 역사의 현장입니다. 새로운 민주공화국이 출범

하는 이 역사의 현장에서 여러분과 함께 싸우겠습니다.

박근혜는 퇴진하라! 새누리당 해체하라! 재벌체제 해체하고 재벌총수 구속하라! 감사합니다.

이날 이재명은 박근혜의 퇴진만 외친 게 아니다. 박근혜에게 뇌물을 바친 재벌을 해체하라고 당당하게 외쳤다. 그 어떤 정치인도 감히 재벌을 해체하라고 외친 정치인은 없었다. 재벌을 해체하면 대한민국이 망한다는 공포 마케팅에 정치인은 물론 일반 시민들도 노예가 된 지 오래다. 그런데 이재명은 이날 재벌 총수 구속하라고 외쳤다. 이재용 구속하라고 외친 것이다. 그리고 마침내 촛불집회에 모인 민심 그대로 이재용은 구속되었다. 죄는 누구보다 무거웠으나, 형량은 누구보다 가벼운 결과를 보게 되었지만.

2017년 대선
출마선언문

2017년 1월 23일 이재명은 제19대 대통령선거 출마를 공식선언했다. 이재명이 출마를 선언한 곳은 다름 아닌 성남시 중원구에 있는 오리엔트 시계공장 마당이었다. 1979년 기름때 묻은 손으로 시계 문자판을 지우던 한 소년공이 38년 뒤 그 장소에서 그 노동자들 앞에서 출마를 선언한 것이다.

이재명이 나타나자, 지지자들은 환호성을 질렀다. 그러나 평소 잘 웃고 손도 잘 흔드는 이재명 성남시장도 이날 만큼은 지지자들과 악수를 하고 비장한 표정으로 단상에 올랐다. 그의 목소리는 평소보다 진중했고 눈가에는 눈물도 고였다. 당연히 그랬을 것이다. 어린 나이에 학업을 포기하고 소년공으로 살아야 했던 그 시절이 왜 떠오르지 않았겠는가. 그런 그가 대한민국 최초의 노동자 출신 대통령이 되고자 했다.

다음은 이재명의 출마 선언문 전문이다.

민주공화국 대한민국의 주인이신 국민 여러분!

대한민국이 내우외환의 위기에 처했습니다.

무능하고 무책임한 친일독재부패 세력 때문에 외교 안보는 주변 강국의 자국중심주의와 북한의 핵 도발로 위기를 맞고 불평등 불공정의 적폐는 온 국민을 좌절시키고 있습니다.

그러나 우리는 과거의 어둠과 절망을 걷어 내고, 공정한 나라를 만드는 대여정을 시작해야 합니다.

국민 여러분!

이곳은, 12살부터 어머니 손을 잡고 학교 대신 공장에 출근했던 빈민 소년노동자의 어릴 적 직장입니다. 바로 여기에서 저는 힘겨운 노동에 시달렸던 그 소년노동자의 소망에 따라 대한민국 19대 대통령선거 출마를 여러분께 고합니다.

이재명이 만들고 싶은 나라는 바로 아무도 억울한 사람이 없는 공정한 나라입니다.

공정성은 국가 관계에도 다를 바 없습니다. 반도 국가는 위기와 기회 요인을 함께 가지고 있습니다. 기회 요인 극대화로 국가융성을 꾀하려면 국익 중심 자주적 균형외교에 충실해야 합니다.

한미관계는 발전시키되, 과도한 미군 주둔비 증액요구에는 축소요구로 맞서고, 경제를 해치고 안보에 도움 안 되는 사드 배치는 철회시켜야 합니다. 전시작전통제권을 환수하고 자주 국방의 길로 가야 합니다. 국가 간 합의의 최소요건도 못 갖춘 위안부합의는 애초부터 무효이며, 한일군사정보보호협정은 종료시켜야 합니다.

한반도 운명을 외세에 맡기지 않고 햇볕정책을 계승하여 한반도의 평화정착과 통일의 길에 나서야 합니다.

힘든 일 하라고 대통령에게 권력을 줍니다.

사드 배치는 잘못이지만 어쩔 수 없다는 태도로는 이 위기를 극복할 수 없습니다. 트럼프, 시진핑, 아베, 푸틴 등 자국중심주의 '강한 지도자'들이 둘러싼 한반도에서는 강단과 주체성이 분명한 지도자만이 원칙과 국익을 지킬 수 있습니다. 저는 자주 평화 국익에 대한 확고한 신념과 실천으로 한반도를 동북아 평화촉진자로 만들어 낼 것입니다.

저는 '이재명식 뉴딜성장정책'으로 함께 잘 사는 경제를 만들 것입니다

이 정책의 핵심은 공정경제질서 회복, 임금인상과 일자리 확대, 증세와 복지확대이며, 가계소득 증대로 경제 선순환과 성장을 이루자는 것입니다.

1987년 정치발전을 가로막는 군부독재를 해체했던 것처럼

공정경제를 위해서는 경제발전을 가로막는 이 시대 최고권력 재벌체제를 해체해야 합니다. 재벌가의 불법과 탈법 횡포를 엄히 금하고 철저히 단죄하여 대기업과 중소기업, 노동자 등 경제주체들의 공정경쟁이 가능하게 해야 합니다.

거대 기득권 재벌체제, 정치를 쥐어흔드는 법 위의 삼성족벌체제를 누가 해체할 수 있겠습니까?

기득권과 금기에 끊임없이 도전해 승리했고 재벌과 아무 연고도 이해관계도 없는 저야말로 재벌체제 해체로 공정경제를 만들 유일한 사람입니다.

노동을 탄압할 게 아니라, 노동자 보호와 노동3권 신장, 임금인상과 차별금지로 일자리의 질을 높이고 장시간 노동 금지로 일자리를 늘려 노동자 몫을 키우고 중산층을 육성하면 경제가 살아납니다.

10%의 국민이 대한민국 전체 연소득의 48%, 자산의 66%를 가지고, 국민 50%가 연소득의 5%, 자산의 2%를 나눠 가지는 이 극심한 불평등을 막지 못하면 더이상 발전은 없습니다. 소수에 불과한 초고소득 기업과 개인에 합당한 증세로 국민복지를 확대해야 경제가 살아나고 성장합니다.

저는 국가예산 400조의 7%인 28조 원으로 29세 이하와 65세 이상 국민, 농어민과 장애인 2800만 명에게 기본소득 1백만 원을 지급할 계획입니다. 95%의 국민이 혜택을 보는 국토보유세를 만들어 전국민에게 30만 원씩 토지배당을 시작할 것입니다.

기본소득과 토지배당은 지역화폐로 지급하여 560만 자영업자를 살리게 됩니다. 기본소득과 지역화폐는 이미, 성남시 청년배당으로 성공한 정책입니다. 방해하는 중앙정부와 싸워가며 시행했는데 제가 정부 살림을 맡으면 내년부터 즉시 추진할 수 있습니다.

'이재명의 뉴딜성장정책'은 불황에 빠진 우리 경제를 살려낼 유일한 방법입니다.

국민여러분!

저는 공정한 사회를 만드는 것이 필생의 꿈입니다. 강자이든 약자이든 법 앞에 평등한 나라를 만들고 싶습니다. 이 자리에서 분명히 약속드립니다. 이재명 정부에선 박근혜와 이재용의 사면 같은 것은 결코 없을 것입니다

공정사회를 만들려면 먼저 정치가 바뀌어야 합니다.

촛불 민심대로 국민발안, 국민소환, 국민투표제 등 직접민주주의를 도입 확대하고 대의민주제가 제대로 작동하도록 표의 등가성을 위해 비례대표제를 수정해야 합니다.

중앙에 집중된 권한과 예산 기회를 지방에 넘겨 서울과의 격차를 좁혀야 합니다. 언론과 검찰, 공직사회의 대대적 개혁으로 부정부패를 뿌리 뽑아 정경유착의 고리를 끊겠습니다.

여성, 청년, 노인, 장애인, 외국인이 차별받지 않는 인권존중 공동체를 만들고, 생활고와 암울한 미래 때문에 노인과 청소년들이 자살하지 않는 나라, 아이를 낳아 기르고 가르치는 것이 부담이 아니라 기쁨인 나라, 최소한의 인간적인 삶과 의료가 보장되는 나라를 만들겠습니다.

서민이 재벌 대기업의 전기요금을 대신 내는 불합리를 즉각 시정하고, 비싸고 불안한 원전을 순차 폐기하는 원전제로정책을 채택할 것입니다.

전략 안보 산업이면서도 시장개방정책으로 희생된 농어업을 보호 육성하고, 문화예술인들이 창작의 자유를 만끽할 수 있도록 '지원하되 간섭하지 않는다'는 원칙을 지키겠습니다.

교육양극화가 소득양극화로 연결되지 않도록 해야 합니다.

우리 교육은 입시지옥, 대학서열 체제, 공교육 황폐화라는 문제에 빠져 있습니다. 국공립대 네트워크를 구축하고, 공영형 사립대학체제를 구축해 교육의 상향 평준화를 기하고, 대학등록금을 현재의 절반 수준으로 낮추어야 합니다.

국민 여러분!

저는 이런 대통령이 되려고 합니다.

먼저 역사상 가장 청렴 강직한 대통령이 되겠습니다.

윗물이 맑아야 아랫물이 맑습니다. 대통령이 부패하면 관료도 부패하고, 대통령이 불공정하면 차별과 반칙 특권이 활개

칩니다.

성남시장이 된 후 시정에 개입하려는 형님을 막다가 의절과 수모를 당했습니다. 평생을 부정부패와 싸우고, 인간적 고통을 감수하며 청렴을 지킨 이재명만이 부정부패를 뿌리 뽑을 수 있습니다.

둘째, 약자를 위한 대통령이 되겠습니다.

대통령은 강자의 횡포로부터 다수 약자를 지키라고 권력을 부여받았습니다. 그런데 그는 강자 편을 들어 약자를 버렸습니다. 세월호 학생들을 구하지 않았고. 국민의 노후자금을 빼내 삼성 이재용의 불법 상속을 도왔습니다. 이런 강자를 위한 권력, 비정상의 권력을 청산하겠습니다.

셋째, 친일 독재 부패를 청산한 첫 대통령이 되겠습니다.

과거청산을 하지 못한 우리에게 이번 대선은 천재일우의 기회입니다. 친일매국세력은 쿠데타, 광주학살, 6.29선언으로 얼굴만 바꿔 이 나라를 계속 지배해왔습니다. 이 악순환의 고리를 끊겠습니다.

넷째, 금기와 불의와 기득권에 맞서 싸우는 대통령이 되겠습니다.

소년노동자의 참혹한 삶을 탈출하여 영달을 꿈꾸던 저는 '광주사태'라 매도되던 민주화운동의 진실을 목도하면서 불의에 맞서 공정한 세상을 만드는 삶을 결정했습니다. 판검사 대신 인권변호사가 되었고, 시민운동가로서 구속 수배를 감수하며 부정과 싸웠고, 친인척 비리를 차단하려 가족과 싸웠고, 정치생명을 걸고 종북몰이와 싸웠고, 시민을 위해 대통령과도 싸웠습니다.

희생을 감수하며 끊임없이 싸워 이겨 온 저만이 거대 기득권 삼성 재벌과도 싸워 이길 수 있다고 단언합니다.

다섯째, 약속을 지킨 대통령이 되겠습니다.

저는 지키지 못할 약속을 하지 않았고, 약속은 반드시 지켰습니다. 공약 이행률은 96% 전국 최고이며, 저는 때와 장소에 따라 말을 바꾸지 않습니다.

이제 제 과거와 가족 이야기를 좀 하겠습니다.

저는 초등학교를 졸업한 1976년 봄부터 깔끔한 교복 대신 기름때 묻은 회색 작업복을 걸친 채 어머니 손을 잡고 공장으로 향했습니다.

솜털이 남아있는 고사리손 아들을 시커먼 고무공장까지 바래다준 어머니는 상대원시장 화장실 앞에서 휴지를 팔았습니다. 시장 화장실에서 밤 10시가 넘어 퇴근하시고도 철야를 마치고 새벽 4시가 되어야 귀가하는 어린 아들을 기다려 주셨습니다.

고된 밭일로도 자식들 먹여 살리기 어려워 약장사에 밀주까지 팔면서 힘겨운 삶의 무게에 부엌 구석에서 몰래 흐느끼시던 어머니, 고무공장 샌드페이퍼에 깎여 피가 배어 나오는 제 손바닥을 보고 또 우셨습니다.

벨트에 감겨들어 뭉개져 버린 제 손가락을 보고 또 우셨고, 프레스 사고로 비틀어져 버린 제 왼팔을 보고 또 우셨고, 단칸 방 가족들이 잠들었을 때 마당에 물통을 엎어놓고 공부하던 저를 보고 우셨고 장애와 인생을 비관해 극단적 시도를 두 번 이나 하는 저를 보고 또 우셨습니다.

지금은 또 자식들 문제로 힘들어하십니다. 죄송합니다. 어머니 그 소년노동자가 오늘 바로 그 참혹한 기억의 공장에서 대한민국 최초의 노동자 출신 대통령이 되려고 합니다.

뜻 깊은 자리이니 가족들을 소개드리겠습니다.

일곱 남매를 위해 평생을 바쳐 온 제 어머님, 여기 와 계십니다. 비뚤어지지 않고 바르게 키워 주신 어머니, 자랑하고 싶습니다. 사랑합니다, 어머니. 따뜻한 박수를 부탁드립니다.

광부로, 건설현장에서 일용노동자로 일하다 추락사고로 다리를 절단하신 강원도 큰 형님은 몸이 불편해 못 오셨습니다.

다음은, 요양보호사로 일하시는 제 누님이십니다. 그리고, 청소회사 직원 제 둘째 형님이십니다. 그리고 환경미화원으로 일하는 사랑하는 동생입니다.

상대원시장 청소부로 일하시다 돌아가신 아버님은 이 자리에 안 계십니다.

야쿠르트 배달원을 거쳐 건물 청소 일을 하다 2년 전 새벽 과로로 딴 세상 사람이 된 제 여동생은 저 하늘에서 오빠를 격려하고 있을 것입니다.

한때 가장 사랑했고 가까웠던 셋째 형님, 안타깝게도 지금 이 자리에 함께하지 못했습니다. 죄송합니다.

마지막으로, 흠 많고 부족한 저 대신 모든 것을 감수하고, 언제나 제게 힘이 되는 제 아내와 아이들입니다.

저의 모든 판단과 행동과 정책은 제 삶의 경험과 가족 이웃의 현실에서 나옵니다. 약자의 희생으로 호의호식할 수 없었고, 빼앗기지 않고 누구나 공정한 환경에서 함께 잘 사는 것이 저의 행복이기 때문에 저는 저의 행복을 위해 싸웠을 뿐입니다. 그러므로 저의 약속은 스스로의 다짐일 뿐 누군가에 대한 제안이 아닙니다.

그래서 그 약속은 거짓일 수도 포기할 수도 없습니다.

작은 일 잘하는 사람이 큰일도 잘합니다. 작은 일도 못 하는 사람에게 큰일 맡기면 갑자기 잘할 수 없습니다. 작은 권력에 부패한 사람은 큰 권력에는 더 부패합니다. 기득권자이거나 기득권과 결탁한 자는 기득권과 싸우지 않고, 기득권자와 싸우지 않으면 적폐청산 공정사회 건설은 불가능합니다.

신념과 철학이 뚜렷하고, 불의 용기와 철의 의지로 할 일을 해 가는 이재명.

실적으로 '유능한 진보'를 증명하고 강남벨트 분당 설득으로 확장성을 증명한 이재명.

야권연대를 이뤄 정권교체를 이룰 정치인 이재명,

삼성재벌 등 불의한 기득권에 도전하고 이겨 낼 이재명,

그 이재명과 함께 새로운 나라 건설에 나서 주지 않으시겠습니까?

저는 압니다.

적폐청산 공정국가 건설이라는 제 꿈이 곧 국민 여러분의 꿈이라는 것을.

지금까지 그랬던 것처럼 저는 최선을 다하고 결과는 국민 여러분께 맡기겠습니다,

국민 여러분이 이재명과 함께 해 줄 것을, 이재명의 꿈을 함께 실현해 줄 것을 믿습니다.

감사합니다.

이 공장은 1979년부터 1981년까지, 즉 15살 소년 이재명이 17살 때까지 일했던 곳이다. 당시 이재명은 시계 문자판에 쓰여있는 잉크를 지우기 위해 아세톤과 시너를 사용하며 일을 했는데 소년공으로서는 너무 무리하게 냄새를 맡아 현재도 후각에 장애가 있다. 사실상 코로 아무런 냄새를 맡지 못한다.

이재명은 공장일을 하면서 벨트에 손가락이 빨려 들어가 손가

락 끝이 뭉개지기도 했으며 프레스 사고로 왼팔이 비틀리기도
했다.

그런 그가 이런 시련으로 젊었을 시절 두 번이나 자살을 시도
했다는 것은 널리 알려진 이야기이기도 하다. 이 때문인지 이재
명은 이날 출마선언문을 읽어 내려가면서 수차례 울컥하는 모습
을 보였다.

03

이재명은
성공하는 샌더스가 되어야 한다

2015년 미국 대선에서 민주당 경선 후보로 출마하여 돌풍을 일으키고 힐러리에게 석패한 버니 샌더스가 있다. 이번에도 출마하였으나 바이든에게 패배했다.

'자본주의'의 파수꾼인 미국에서 '사회주의'를 주장하는 샌더스가 돌풍을 일으켰던 것은 모순이라고 생각할 수도 있지만, 미국 곳곳에서 만연한 차별문제에 정면 대응하면서 공감대를 확산시켰다.

샌더스는 부자가 아닌 일반 지지자들에 한 푼 두 푼 후원금을 모아서 선거자금을 마련했다. 샌더스는 반월가 정책과 친서민 행보로 미국에 사는 서민들과 다르지 않다는 인식을 심어주었다.

당시 샌더스는 "미국의 부자 상위 14명의 재산이 2년간 1570

억 달러(188조 원) 늘었는데, 이는 하위 40%가 2년간 벌어들인 소득보다 많다."고 말했다.

소수에게 편중된 부를 중산층과 빈곤층에 분배하고 99%를 위한 세상을 만들겠다고 했지만 끝내 그의 도전은 실패하고 말았다. 하지만 그의 패배에도 불구하고 미국이 직면하고 있는 소득의 불평등 문제는 정치권이 해결해야 할 문제로 남아있다.

샌더스와 이재명(성남시장 시절)을 비교하면서 2016년 〈주간조선〉이 인터뷰했을 때 이재명은 다음과 같이 얘기했다.

"누구는 나를 '한국의 트럼프'라고, 누구는 나를 '한국의 버니 샌더스'라고 부른다. 두 사람 다 나처럼 변방 출신으로 정치 기득권자가 아니라는 공통점이 있다. 다 대중과 호흡하는 사람들인데, 성공한 아웃사이더인 트럼프가 결국 미국의 국가 권력을 차지했다. 물론 두 사람의 지향은 다르다. 트럼프는 경제에서는 성공한 기득권자지만, 샌더스는 사회적 약자와 중산층을 위한 정책을 추구해 온 사람이다. 굳이 말하면 나는 '성공한 샌더스'가 되고 싶다."

이재명은 성남시장 시절부터(그 이전부터 그랬겠지만, 대중에게 그의 이름이 알려지기 시작한 것은 성남시장 시절부터이니깐) 줄곧 부의 불평등 문제를 제기해왔다.

버니 샌더스가 얘기했던 것처럼 이재명 또한 부자들에 대한 증세, 국토보유세 입법 등을 통하여 불평등 문제를 해결하겠다고 했다.

미국의 경우처럼 한국의 불평등 문제 또한 별반 다르지 않다. 신자유주의 이후 이런 현상은 자본주의 국가들이 지닌 고질적인 문제라고 봐야 할 것이다.

한국의 경우는 어떠한가.

민주당 양경숙 의원이 국세청으로부터 제출받은 자료에 의하면 상위 0.1% 초고소득층(2만4149명)이 연간 벌어들인 수익은 36조6239억 원으로 이들의 평균 소득액은 15억1658만 원으로 나타났다. 이는 전체 소득액 873조4329억 원의 4.19%에 달하는 수치이다. 또한, 상위 1%(24만1494명)의 총 통합소득액은 98조159억 원으로 이들의 평균 소득액은 4억 587만 원이었다. 상위 1% 소득자가 번 금액은 전체 통합소득액의 11.22%에 달했다. 상위 10%(241만4948명)는 연간 총 319조4050억 원을 벌었고, 1인당 평균 소득액은 1억3095만 원으로 나타났다. 상위 10%에 속하는 소득자는 전체 통합소득자 소득액의 36.57%를 차지했다. 하위 50%(1207만4742명)는 통합소득으로 총 143조7177억 원을 벌었고, 1인당 평균 소득액은 119만 원으로 나타났다. 하위 50%(상위 51~100%)에 속하는 소득액은 전체 통합소득자 소득액의 16.45%를 차지했다.

상위 1%의 소득은 98조 원으로 하위 50%의 소득 143조 원의 68%였다. 상위 10%의 319조 원은 하위 소득자 50%에 비해서

325% 더 많았다. 그만큼 한국의 소득 불평등이 심하다는 것이다.

소득의 문제에 그치지 않는다. 소득의 불평등은 다시 부동산 소유의 불평등을 낳고 있다. 상위 10%는 가처분 소득을 주로 부동산에 투자하거나 주식에 투자했다. 부동산의 급등은 다시 이들의 재산증식으로 이어졌다.

<2019년 통합소득(근로소득+종합소득) 천분위 자료>

(명, 단위 : 백만원)

구분	2018년도		2019년도	
	인원	종합+근로 소득금액	인원	종합+근로 소득금액
전체 합계	2,238,938명	824,129,036	24,149,483명	878,432,862
상위 0.1%	23,246명	34,202,256 (4.15%)	24,149	36,623,945 (4.19%)
상위 1.0% 내	232,469명	92,078,588 (11.17%)	241,494명	98,015,869 (11.22%)
상위 10.0% 내	2,324,693명	303,481,835 (36.82%)	2,414,948명	319,405,029 (36.57%)
하위 50% (상위 51~100%)	11,623,469명	133,094,942 (16.15%)	12,074,742명	143,717,678 (16.45%)

※ 상위 0.1% 내 구간 천분위, 이하 구간 백분위
※ 자료 : 더불어민주당 기획재정위원회 양경숙의원실, 국세청

소득의 재분배는 대한민국의 정치인 어느 누구도 해결하지 않겠다고 말하는 사람은 없다. 하지만 증세를 하지 않고도 할 수 있다고 하면서 실질적인 해결에는 성의를 보이지 않고 있다.

이재명은 증세를 통한 적극적인 해결을 약속하고 있다. 이재명이 성공한 샌더스가 되기 위해서는 상위 10%에 대한 과감한 증세를 시행하고, 이들의 조세조항을 극복해야만 한다.

증세 없이는 하의 50%의 복지도 없으며, 소득의 재분배 효과도 기대하기 어렵다. 하위 50%가 숨 쉴 공간이 없으면 내수 경제 활성화도 기대하기 어렵다.

이재명은 과연 성공한 샌더스가 될 수 있을 것인가?

그에게는 과연 상위 10%에게 증세를 할 의지가 있는 것인가?

그에게는 과연 상위 10%를 설득할 지략과 힘이 있는 것인가?

이재명이 하지 못한다면 아무도 할 수 없는 일이라고 나는 생각한다. 더 늦기 전에 반드시 해야 한다.

더 큰 전쟁을
준비하자

2017년 4월 3일 고척돔에서 있은 19대 민주당 대통령 후보 순회경선의 마지막 일정이자 더불어민주당의 최종 대통령 후보 발표가 있었다.

고척돔은 문재인 지지자, 안희정 지지자, 이재명 지지자들로 꽉 차고 열기가 대단했다. 그때 나도 이재명 지지자들 속에 섞여서 혹시 모를 기적을 바라면서 조마조마하게 기다리고 있었다.

결과는 이재명이 3위고, 안희정이 2위, 1위는 누구나 예상한 대로 문재인이었다. 예정된 패배였다.

경선결과가 발표되자 이재명 지지자들의 눈에는 너나 할 것 없이 눈물이 흐르고 있었다. 일부 지지자들은 오열하였다. 일부 과격한 지지자 중 일부는 선거무효를 외치는 자들도 있었으나, 대부분 지지자는 선거 결과를 담담하게 받아들였다. 처음부터 조직의 열세를 안고 시작한 경선이었다. 그리고 문재인에 비해 준비도 덜 되었다.

경선결과는 나왔지만, 이재명 지지자들은 좀처럼 자리를 뜨지 못했다. 그 허탈함은 이루 말할 수 없었다. 내가 이렇게 허탈한데 이재명의 마음은 그 얼마나 힘들었겠는가.

하지만 이재명은 일개 지지자에 불과했던 나와는 다른 인물이었다. 허탈해하면서 울고 있는 우리들 곁으로 다가와서 마이크를 잡았다. 그리고 상심해 있는 우리에게 용기를 주는 연설을 했다.

패배자의 연설이었지만, 내 가슴을 울리는 연설이었다. 다음은 이날 이재명이 내 앞에서, 그의 지지자 앞에서 패배자 이재명이 한 연설의 전문이다.

끝이 끝이 아닙니다.

우리가 앞으로 열 배, 백 배, 천 배의 힘을 더해서 다음에는 반드시 이깁시다. 우리를 기다리는 많은 사람이 있습니다. 단순한 정권교체가 아니라 우리의 삶을 바꾸는, 역사적 사명을 다하는 진정한 세상 교체를 바라는 그 많은 사람을 잊지 맙시다. 여러분! 우리는 우리 스스로의 어떤 지위를 위해서나, 우리가 단순히 이기기 위해서가 아니라, 셀 수 없이 많은 사람의 안타까움을, 그 꿈을 이루기 위해 싸우는 것입니다. 이제 시작입니다! 우리가 이렇게 헤어지겠지만 우리 모두가 가정으로 직장으로 마을로 돌아가서 우리가 가진 그 커다란 꿈, 우리 국민이 바라는 새로운 세상에 대한 꿈 다시 키워서 되돌아옵시다, 여러분!

이것이 끝이었다면, 이것이 우리의 마지막이었다면 우리는 이 자리에 있지도 않습니다. 여기는 그냥 첫 번째 출발의 시작 지점이었으니까 우리가 첫 발자국에 실패했을지라도 온 세상 사람들이 바라는 '모두가 공평한 기회를 누리는 공정한 경쟁 속에 모든 사람이 자기의 몫을 누리는 진정 공정하고 정의로운 나라' 우리가 만들어야 하지 않습니까, 여러분!

우리가 비록 소수여서 지금은 당장 발길을 되돌리지만, 우리 가슴속에 깊이 간직하고 있는 변화된 세상 속에서 모든 사람이 행복하게 살아가는 제대로 된 대동세상 공동체를 향한 꿈은 결코 사라지지 않을 겁니다. 이재명은 여러분을 대표하는 사람이 아니라 여러분 각자가 가진 꿈을 대신 실현해주는 도구일 뿐입니다. 우리 각자는 각자가 가진 꿈, 혼자 잘 먹고 잘살겠다는 게 아니라 세상 사람들이 진정 공평하게 살아가는 정의로운 세상을 위해 싸우는 동지들입니다. 우리는 누군가를 위해서가 아니라 우리 스스로를 위하여 우리 다음 세대들의 행복한 삶을 위하여 우리 스스로의 꿈을 위하여 싸우는 동지들입니다, 여러분!

동지 여러분, 울지 마십시오. 울지 말고, 탓하지 말고, '세상 사람들을 우리가 충분히 설득하지 못했구나, 우리의 진심을 더 많은 사람에게 제대로 전달하지 못했구나, 우리가 더 많이 준비해야겠구나, 우리의 정성이 아직 부족했구나' 이렇게 생각합시다, 여러분!

우리는 아직도 많은 길이 남아있습니다. 오늘은 첫 번째 전투에서 졌지만 거대한 전쟁이 기다리고 있습니다. 이건 그냥 하나의 지나가는 과정일 뿐입니다. 좋은 경험을 쌓았습니다. 우리가 뭘 준비해야 하는지를 작은 전투를 통해 배웠습니다. 더 큰 제대로 된 전쟁을 준비합시다. 실력을 키우고 하루 한 시간이라도 일상적으로 실천하고, 내 뜻을 함께하는 동지를 하루에 한 명이라도 더 만들고 그걸 통해 거대한 태풍을 만들어내는 나비의 날갯짓을 지금부터 시작합니다!

여기까지 온 것도 이미 기적입니다. 우리는 세력도 유산도 돈도 조직도 언론도 없습니다. 그러나, 여러분의 힘으로 여러분 한 명 한 명의 실천으로 그 거대한 기득권의 벽을 뚫고 이 자리까지 왔습니다. 여러분이 자랑스럽습니다!

이제 겨우 작은 시작일 뿐입니다. 이제 겨우 작은 기적이 나타났을 뿐입니다. 우리는 앞으로도 국민의 뜻을 모아서 그 수많은 초롱초롱한 눈망울의 열망을 모아 반드시 반드시 반드시 세상을 바꿉시다. 사람이 사는 세상을 만듭시다. 감사합니다.

여러분!

언제나 드렸던 말씀처럼 여러분의 위가 아니라 우리 모두 함께 손잡고 옆에 서서 국민이 괴로울 때는 제가 앞장서고 우리가 모두 즐거울 때는 뒤에서 뒷바라지하는, 진정한 공복의 길을 뚜벅뚜벅 흐트러지지 않고 초심을 갖고 그대로 계속 여러분과 가겠습니다.

여러분 사랑합니다. 여러분의 열정에 감사드립니다. 우리의 열정과 이 눈물이 합쳐져서 거대한 세상을 바꾸는 경륜을 만들 겁니다. 우리가 그 첫 길을 여는 물방울이고 태산의 출발인 티끌입니다. 우리가 힘 모아 함께 새로운 역사, 새로운 꿈, 우리 모두의 희망찬 미래를 만들어갑시다. 함께 가겠습니다. 감사합니다!

05

불가능한 것을
가능하게 하는 것이 정치다

2022년 대선에서 경쟁할만한 정치인은 많이 있다. 그중에서 지금 현재 자신만의 아젠다(agenda)를 만들어서 다가올 미래에 대해 말하는 정치인은 이재명뿐이다.

요즘 문재인 정부에서 검찰총장을 지내다가 사사건건 문재인 정부와 대립각을 세우면서, 정치검찰의 역할을 톡톡히 한 윤석열이 야권 지지자들로부터 전폭적인 지지를 받고 있다. 하지만 윤석열은 단 한 번도 자신의 정책을 말한 적이 없다. 그저 살아있는 권력에 대해 수사를 했다는 것만으로 반문재인 정서에 기대고 있다. 자기 자신이 의제를 만들지 못하는 정치인은 결코 성공할 수 없다.

이해찬 전 민주당 대표는 대선후보는 스스로 발광하는 발광체가 되어야지, 반사체가 되어서는 성공할 수 없다고 했다. 윤석열은 추미애가 없으면, 조국이 없으면, 문재인이 없으면, 빛날 수 없는 반사체인 것이다.

각설하고, 이재명은 그가 던진 기본소득, 기본대출, 기본주택 등으로 내년 대선에서 우리 사회가 무엇을 갖고 토론해야 할지 문제를 던져놓았다. 그리고 그 토론 주제에서 이재명이 생각하는 대안이 무엇인지에 대해 매일 얘기하고 있다. 내년 대선을 통해서 그가 던진 담론이 얼마나 공감을 얻을지는 두고 봐야 한다. 하지만, 세상의 그 어느 나라에서도 제대로 시도하지 못한 담론을 한국에서 대선이라는 공간을 통해 치열하게 토론하게 된 계기를 마련했다는 것만으로도 찬반을 떠나 의미가 크다고 할 수 있다.

이미 이재명의 이들 세 가지 정책에 대해 실현이 불가능하다면서 견제를 하고 있다. 허무맹랑하다는 것이다. 이재명이 민주당과 허경영의 중간쯤에서 실현 불가능한 정책을 갖고 혹세무민의 포퓰리즘 정책을 쓰고 있다고 비난한다. 세계 어느 나라도 가 보지 않은 길이라는 것이 가장 큰 비판이다. 이재명은 말한다. 세상 어느 나라도 가 보지 않은 길이라면, 우리가 처음 가 보면 안 되느냐고. 우리가 먼저 가서 그 길을 개척하고, 다른 나라들이 쫓아오게 된다면 우리나라가 세계를 선도하게 되는 것이 아닌가.

이재명은 그가 연이어 추진하고 있는 기본소득을 비롯한 자신의 기본정책 시리즈들에 대해 주변의 반발과 지적이 이어지고 있는 가운데 다음과 같이 밝혔다.

"불가능한 것을 가능하게 만들고, 새길을 만들어가는 것이 정치다."

이재명은 막스베버의 '직업으로서의 정치'의 한 구절을 인용하며 "자신이 제공하려는 것에 비해 세상이 너무나 어리석고 비열하게 보일지라도 이에 좌절하지 않을 자신이 있는 사람, 그리고 그 어떤 상황에 대해서도 '그럼에도 불구하고'라고 말할 능력이 있는 사람, 이런 사람만이 정치에 대한 소명을 가지고 있다."며 자신의 심경을 우회적으로 나타냈다.

이재명은 "우리는 오랫동안 복지와 경제는 양립할 수 없다고 보는 시각이 대세인 시절에 살아왔다. 하지만, 인간이 필요로 하는 대부분을 인공지능 로봇이 생산하는 목전의 미래에는 모든 것이 바뀌어야 한다. 융합의 시대이자 효율성이 중시되는 스마트 디지털 시대에는 복지와 경제 외에 복지적 경제나 경제적 복지가 얼마든지 가능하고 또 그래야만 한다. 지금은 낯선 기본소득, 기본주택, 기본대출이 잠시 후에는 양극화를 완화하고 경제를 회생시키며, 공동체를 복원하는 일상적 제도로서 우리 삶에 들어와 있을 것."이라고 자신했다.

이재명은 "정치란 열정과 균형감각 둘 다를 가지고, 단단한 널빤지를 강하게 그리고 천천히 뚫는 직업이다. 만약 지금까지 불가능에 도전하는 사람들이 계속 나타나지 않았더라면, 인류는 아마 가능한 것마저도 성취하지 못했을 것."이라고 지적했다.

이재명의 통찰력이 돋보이는 글이다. 인류가 다른 종들과 다르게 성공할 수 있었던 것은 바로 불가능하다고 생각했던 것들에 대해서 끊임없이 성취하려고 도전했던 일이다. 그리고 인류는 불가능이라고 생각했던 일들을 매일매일 해내고 있다. 지금 이 순간에도 어느 누군가는 불가능하다고 생각하는 것들을 시도하고, 성취하고 있을 것이다.

정치라고 다른 것이 아니다. 정치란 것은 아주 작은 단위에서 성공했던 사례들을 보다 큰 단위에서 성공시키기 위해 법을 만들고 집행하는 일이다. 또한, 예상되는 사회적인 문제들에 대해서 선도적으로 대응하는 역할도 한다.

산업화 시대에는 기계가 인간이 할 수 있는 일을 대신했다. 하지만 그 기계는 전적으로 인간의 통제하에 있었으며, 기계로 인해 양질의 일자리들이 창출되었다. 하지만 미래 사회에는 AI(인공지능)가 인간이 하던 일을 보다 더 완벽하게 하게 되면서, 인간의 일자리를 대체하게 된다. 이 길은 막을 수가 없다. 산업화 초기에 기계화되는 것을 막을 수 없었던 것처럼, AI가 산업 전반에 활용되는 것을 막을 수는 없다. 이런 과정에서 당연히 일자리는 줄어들게 된다. 하지만 그 업종에 종사하는 사람들은 보다 막대한 이득을 얻게 된다. 이득을 얻는 사람들은 더 많은 이득을 얻게 되고, 그들을 뺀 다수들은 할 수 있는 일이 없게 되어 실업자가 되고 만다.

세상이 원래 약육강식이고, 자본주의 사회에서 강한 자만이 살아남는 것은 당연한 일이라면서 부의 쏠림현상을 방치하게 된다면 결국 그 사회는 붕괴할 수밖에 없다. 왜냐면 소비 없는 생산은 불가능하기 때문이다. 대부분 사람이 소비할 여력이 없는 빈곤의 상태로 간다면, 결국, AI가 만들어내는 어떠한 혁신적인 상품도 팔리지 않게 됨으로써 더이상의 혁신이 필요 없는 사회가 되기 때문이다.

이재명의 기본 시리즈는 바로 이러한 사회에서 국민의 대다수가 소비할 수 있는 가장 기본적인 조건을 만들려는 정책이다. 단순히 어려운 환경에 놓은 계층에 대한 지원이 아닌 것이다. 그래서 이재명은 늘 말한다. 자신의 정책은 복지정책이 아니라 경제정책이라고. 이재명의 기본 시리즈는 자본주의를 부정하고 사회주의를 하자는 것이 아니라, 위기에 몰린 미래 자본주의를 준비하는 정책이다.

06

재산비례 벌금제를
도입하자

우리나라의 법으로 규정된 형벌의 종류에는 ①사형, ②징역, ③금고, ④자격상실, ⑤자격정지, ⑥벌금, ⑦구류, ⑧과료, ⑨몰수의 9가지를 규정하고 있으며, 형의 무겁고 가벼움도 이 순서에 의한다.

하지만 이중 벌금에 관한 조항에 관해서 오랫동안 말이 많았다. 형벌에서 벌금을 규정한 것은 돈을 내서 재산상의 불이익을 주어 같은 범죄를 반복하지 말라는데 의미가 있다.

2021년 4월 25일 대법원은 승무원들의 생리휴가를 수차례 거부했다가 재판에 넘겨진 전 아시아나항공 대표 김수천에게 벌금 200만 원을 선고한 원심을 확정했다.

김수천은 2014년 5월부터 2015년 6월까지 1년이 넘는 기간 동안 승무원들이 신청한 생리휴가를 138번 거부하고 "생리를 했는지 소명하라"고 요구한 혐의로 2017년 기소되었다. 근로기준법 제73조에 따르면, 사용자는 여성 노동자가 청구하는 때 월 1일의 생리휴가를 주어야 하고, 이를 위반할 경우 500만 원 이하의 벌금에 처해질 수 있다.

그런데 김수천 전 대표에게는 138번이나 반복적으로 위반했음에도 불구하고 최고형의 40%에 해당하는 벌금을 선고해서 논란이 되고 있다.

138번이라면 오히려 누적해서 가중처벌했어야 했다는 것이다. 그런데 여기서 더 눈여겨봐야 할 것은 아시아나항공 대표에게 과연 200만 원의 벌금형이 형벌로서 의미가 있냐는 것이다.

모든 형벌은 그 형벌을 받아들이는 모든 사람에게 똑같은 무게의 압력으로 가해져야 공평한 것이다. 재산(소득)이 많은 사람과 재산이 없는 사람의 200만 원은 그 무게가 전혀 다르다. 어떤 사람에게는 하룻밤 술값에 지나지 않는 돈이지만, 어떤 사람에게는 한 달 치 월급에 해당하는 돈이다.

과태료 역시 비슷하다. 주차위반 과태료 8만 원이 어떤 사람에게는 그야말로 껌값에 지나지 않지만, 어떤 사람에게는 하루 치 일당이다. 결국 돈 많은 사람은 과태료에 대한 부담을 전혀 느끼지 못한다. 과태료에 대한 부담을 느끼며 살아가는 사람들은 일반 서민일 뿐이다. 그래서 과태료, 벌금에 대해서 재산상태나 소득에 따라 차등 부과해야 한다는 의견이 많았다.

재산비례 벌금제는 핀란드에서는 100년 전인 1921년에, 비교적 늦었다는 독일도 1975년에 이 제도를 도입했다.

실제로 핀란드에서 2015년 과속을 한 고소득 기업인에게 5만4천 유로(약 7천만 원)의 벌금이 매겨져 화제가 된 적이 있다.

사실 재산비례 벌금제는 문재인 대통령의 대선 공약이기도 했다. 그리고 문재인 정부의 최단명 법무부 장관이었던 조국도 인사청문회 준비과정에서 재산비례 벌금제 도입을 추진하겠다고 밝힌 바 있다.

재산비례 벌금제는 동일한 범죄를 저질렀어도 경제적 능력을 고려해 경제적 약자보다 부자에게 더 많은 벌금을 부과한다는 것이다. 그런데 동일한 범죄 행위에 대해 차등적으로 벌금을 부과한다는 것이 헌법상 평등권을 침해할 여지가 있다며 반대하는 세력도 많다. 하지만 이미 대한민국은 국민건강보험에서 소득에 따라 보험료를 차등 부과하고 있으며, 누구나 같은 무게의 형벌을 받아야 하는 것이 오히려 헌법상 평등권을 보장한다고 볼 수도 있을 것이다.

조국 전 장관이 물러나면서 흐지부지되었던 '재산비례 벌금제'는 2020년 12월 소병철, 이탄희 더불어민주당 의원이 소득과 재산에 따라 최종 벌금액을 정하고 일수 정액을 내는 방식으로 벌금을 내는 것을 골자로 한 '형법 일부개정 법률안'을 국회에 발의했으나 국회 문턱을 넘지 못하면서 여론의 주목을 받지 못하고 있었다.

그런데 이재명이 2021년 4월 25일 페이스북을 통하여 '재산비례 벌금제'를 촉구하는 글을 올리면서 다시 한번 화제가 되었다.

이재명은 페이스북에서 "벌금형은 총액 벌금제를 채택하고 있어 개인의 형편과 상관없이 획일적으로 부과하는데, 같은 죄로 벌금형에 처해도 부자는 부담이 크지 않아 형벌 효과가 떨어지고 빈자에게는 더 가혹할 수밖에 없다."라고 말했다.

이재명이 페이스북에 올린 이 글로 인해 하루 종일 '재산비례 벌금제'는 뉴스의 중심에 섰다. 그리고 많은 의견이 개진되었다. 국민의힘 윤희숙 의원과 재산이냐 소득이냐 하면서 페이스북을 통한 설전도 있었다. 이재명의 페이스북 글로 인해 '재산비례 벌금제'에 대한 뜨거운 찬반논란이 모처럼 있게 되었다. 2020년에 관련 법안을 제출했던 국회의원들이 고맙다는 말까지 해 줬다. 그리고 2021년 4월 27일 다시 한번 페이스북에 글을 올렸다. 전에는 '재산비례 벌금제'라고 불리던 것을 '공정벌금'이라는 새 네이밍도 했다. 이를 계기로 조국이 쏘아 올렸지만 꺼져 갔다가 이재명이 극적으로 다시 살려낸 '재산비례 벌금제'가 여론을 타고 입법되기를 바란다.

〈서울만 갈 수 있다면 모로 간들 어떠리. '공정벌금'은 어떻습니까?

재산이든 소득이든 재산 소득 모두이든 벌금은 경제력에 비례하는 것이 실질적 형평에 부합하고 제재의 실효성을 확보합니다.

　경제력비례 벌금제는 수십 년 전 서구 선진국이 도입한 제도입니다. 스위스는 과속 벌금으로 경제력에 따라 최고 11억을 내게 한 일이 있고 핀란드 노키아 부사장은 과속으로 2억 원 넘는 벌금을 냈습니다. 아이슬란드와 노르웨이는 기본벌금에 연간 소득 10%가 추가된다고 합니다.

　기초생활수급자의 5만 원과 수백억 자산가나 억대 연봉자의 5만 원은 제재 효과에서 현저한 차이가 있습니다. 하루 몇만 원 버는 과일 행상의 용달차와 고소득자산가의 취미용 람보르기니의 주차위반 벌금 5만 원이 같을 리 없습니다.

　재산비례벌금, 소득비례벌금, 소득재산비례벌금, 경제력비례벌금, 일수벌금 등 명칭이 무슨 상관이겠습니까? 벌금의 실질적 공정성 확보 장치인 만큼 명칭 논쟁도 많으니 그냥 '공정벌금' 어떻습니까?

　모로 가도 서울만 가면 되고, 명칭보다는 실질이 중요합니다. 이름은 어떻게 붙여도 상관없습니다. 저 역시 벌금비례 기준으로 재산과 소득 모두여야 한다고 고집할 생각이 전혀 없습니다. 재산 아닌 소득만 비례해야 한다는 국민의힘 주장도 대환영이며 국민의힘이 경제력비례벌금제도를 동의하시는 것만도 감지덕지입니다.

재산비례벌금제나 일수벌금제로 불리는 '공정벌금'은 전두환, 노태우 정권, 노무현 정부에서도 논의되었고, 문재인 정부의 공약이기도 합니다. 그러나 번번이 재산파악과 기준설정이 어렵다는 이유로 도입에 실패했습니다.

완전공정에 이를 수 없다고 완전불공정에 머무르자는 것은 거부의 다른 말입니다. 첫술 밥에 배부르지 않고 천 리 길도 한걸음부터인 것처럼, 완전공정이 어렵더라도 조금이나마 더 공정할 수 있다면 개선하는 것이 정의롭습니다.

자산과 수입 기준으로 납부금을 정하는 건강보험과 국민연금은 기준이 완벽해서가 아닙니다. 정확하지 않으니 하지 말자는 것은 잡히지 않는 도둑도 있으니 아예 도둑을 벌하지 말자는 것과 비슷합니다.

윤희숙 의원님의 반론과 의견 덕분에 '공정벌금'이 우리 사회 주요의제가 되었으니 진심으로 감사드립니다. 논쟁 과정에서 한 제 표현에 마음 상하셨다면 사과드리며 공정벌금제도 입법화에 적극 나서 주실 것을 부탁드립니다.

07

펄프를 수입해서
신문지를 수출하는 나라

문재인 정부가 출범한 이후 검찰개혁과 함께 늘 언급되던 것이 언론개혁이었다. 하지만 검찰개혁에 대부분 에너지를 쓰느냐고 언론개혁은 제대로 시작조차 하지 못했다.

2021년 4월 서울시장, 부산시장 등 보궐선거 관련 언론 보도를 보면 한국의 언론이 얼마나 당파적인가를 잘 보여주고 있다. 여당에 불리한 보도는 크게 보도하면서 야당에 불리한 보도는 아예 언급조차 하지 않는 것은 기본이다. 가짜뉴스까지 만들어내서 여당에 흠집을 내기도 한다.

우리의 언론들은 이승만, 박정희, 전두환, 노태우, 이명박, 박근혜 정권이 서 있을 때는 정부 찬양 기사만을 써대거나, 애써 외면했다. 그리고 김대중, 노무현, 지금의 문재인 정권하에서는 마치

독재에 저항하듯 정부에 불리한 기사만, 또는 없다면 가공해서라도 불리한 기사만 써대고 있다.

코로나19에 대한 대처는 세계 선진국에 비해서도 모범을 보이지만, 언론에 태도는 그와는 반대였다. 경제성장률이 코로나19 상황에서도 OECD 평균 최상위이지만 그 뉴스를 보내는 언론사는 거의 없다. 코로나 확진자 하루 5,000명이 넘는 영국이 백신 접종률이 높아서 마스크를 벗게 되어 부럽다면서 500명 유지하고 있는 문재인 정부의 대처를 비판하고 있다. 20,000명 이상의 확진자가 나오고 있는 이웃 나라 프랑스 처지에서야 부러울 수 있겠지만, 한국의 입장에서 뭐가 부러운지 모를 일이다.

정확한 뉴스를 전달해야 할 언론이 가짜뉴스를 생산해 내기도 하고, 공정해야 할 언론이 편파적으로 보도를 한다면 마땅히 제재를 받아야 하지만, 자유로운 언론을 보장하기 위한 민주정부의 기본 입장으로 인해 오히려 바로잡기가 매우 어렵다.

정경심 교수의 이른바 '표창장 위조' 사건에 대해서는 검찰의 주장을 몇 달 동안 헤드라인 뉴스로 도배하더니, 2심 재판 과정에 밝혀지고 있는 그 반대 정황에 대해서는 단 한 줄도 보도하고 있지 않은 것이 언론이다. 그 흔한 기계적 중립마저 지키고 있지 않은 것이다. 한국의 언론은 국민의힘 기관지 역할만 하고 있을 뿐이다.

그렇다고 길이 없는 것은 아니다. 가짜뉴스에 대한 징벌적 손해배상을 가능하게 해서 최소한 가짜뉴스만큼은 뿌리 뽑아야 한다. 오보를 가장한 가짜뉴스에 대해서도 강력하게 단속해야 할 것이다. 하지만 언론에 대한 '징벌적 손해배상' 관련 법은 국회의 문턱을 넘지 못하고 있다. 180석의 거대한 힘을 갖고도 입법을 못 하는 것은 무능에 가까운 일이다.

선거철만 되면 대한민국의 모든 언론은 공정한 척, 중립적인 척하면서 보수정당의 편을 들고 있다. 이럴 바에는 차라리 선거 기간 동안 언론사들은 자신들이 지지하는 정당과 후보를 당당히 밝히고 선거 관련 보도를 하는 것이 옳다고 생각한다. 선거철마다 보도 방향을 보면 언론사가 뻔히 편파 보도를 하고 있는데도 자기네들은 공정하다고 우긴다. 이것이야말로 거짓 선동이다. 국민의힘을 지지하면, 우리는 국민의힘을 지지한다고 당당하게 1면에 써놓고 보도를 하면, '악의적이다, 편파적이다,'라는 비난은 받지 않을 것이고, 독자들도 필터링해서 받아들일 것이 아니겠는가.

정부와 여당의 도덕성을 집요하게 파고들면서 세상의 불공정에 대해서는 용서하지 않겠다던 결기를 보이던 보수신문들이 신문지를 수출해서 외화를 벌어들이고 있다는 소식이 전해졌다. 이른바 펄프를 수입해서 신문지를 수출하는 가공무역(?)을 하고 있다는 것이다.

2021년 4월 8일 MBC뉴스데스크는 찍자마자 포장지도 뜯지 않은 채 해외로 수출되는 보수신문지의 작태를 고발했다. 태국의 방콕 이케아 매장에서 한국의 신문지가 포장지로 쓰이고 있다는 것이다. 방콕의 시장에서는 채소나 과일, 바나나나 두리안 같은 것을 포장할 때 사용한다고 한다. 비단 방콕뿐이 아니었다. 한국의 신문지들이 인도네시아 시장에서는 꽃을 감싸고 있는 데 사용되고, 파키스탄 거리에서는 음식을 포장하는 등 동남아에서 널리 이용되고 있다. 태국 필리핀 등의 인터넷 쇼핑몰에선 한국 신문을 쉽게 살 수 있는데 1kg당 한국 돈 500원에 팔리고 있다. 특히 한국 신문지는 콩기름으로 인쇄해 친환경적이고, 기름기도 잘 흡수해 인기가 좋단다.

이베이나 알리바바 같은 글로벌 쇼핑몰에서, 한국 신문을 사면, 미국, 중국은 물론 러시아와 리투아니아까지 배송된다고 나온다. 다른 나라 신문지도 팔리고 있지만, 한국 신문지는 포장도 안 뜯은 새것인 데다, 한꺼번에 몇십 톤까지 대량주문이 가능해 특히 인기가 많다.

이렇게 수출된 것이 2018년엔 1천톤을 넘겼고, 2019년엔 4,500톤, 지난해엔 18,000톤으로 급증을 했다.

그 이유는 뭘까? 2019년 국내 종이신문 구독률은 6.4%, 10년 새 $\frac{1}{4}$로 급감했지만, 같은 기간 신문발행 부수는 거의 줄지 않고 그대로이다. 당연히 펼쳐보지도 않은 새신문이 점점 더 많이 남아돌 수밖에 없다. 이렇게 하려는 것은 신문사의 영향력을 결정하는 유료 부수를 조작하기 위한 것이다.

이렇게 과다 발행된 한국의 신문은 포장지도 뜯어지지 않은 채 외국으로 수출이 되기도 하고, 국내에서는 양질(?)의 계란판을 만드는 원료로 재활용되고 있다.

이렇게 해서 조선일보는 실제는 50만 정도의 유료 부수를 발행하고 있으면서도 150만이라고 뻥튀기해서 광고주들에게는 훨씬 높은 금액의 광고료를 받았으며, 국고보조금도 가로챘다.

이는 명백한 사기행위이다. 일반 기업이 이런 회계부정을 저질렀다면 마땅히 상장 폐지가 되어 주식시장에서 퇴출당하였을 것이다. 그런데 언론은 이런 엄청난 회계부정을 저질러 놓고도 반성할 줄 전혀 모른다.

정론을 펼치겠다고 각 신문사는 사명을 걸어놓고, 유료독자 수를 부풀리고, 부풀린 유료독자 수에 따라 포장지조차 뜯을 수 없는 신문을 발행하면서 환경을 오염시키고 있다. 이들의 오랜 관행에 철퇴를 내려야 할 때가 왔다.

보수신문들의 발행 부수 부풀리기 보도가 나간 이후 이재명은 페이스북에 '신문사 부수 조작은 범죄. 이제 적폐의 고리를 끊을 때입니다'라는 글을 남겼다.

같은 샘물이라도 젖소가 먹으면 우유가 되지만, 독사가 먹으면 독이 됩니다. 언론이 주권자인 국민의 이성적 사고와 합리적 선택의 토대가 되는 진실을 전하지 않고, 정보 왜곡을 통한 민주질서 훼손이라는 독을 토하면 청산해 마땅한 적폐가 됩니다. 반대로 진실을 있는 그대로 전달해 민주적 의사 형성에 도움이 된다면 민주국가의 제4부인 공기로서 존중받는 것이 결코 과하지 않을 것입니다.

3개월 이내 사용해야 하는 지역화폐로 재난지원금을 지급해 전액 소비하게 했더니, 70% 소비는 기존소비를 대체했지만 30%는 추가소비지출이었다는 KDI 보고서를 두고, 어떤 언론이 '재난지원금 30%만 소비'라고 보도했습니다. 재난지원금이 소비확대 효과가 거의 없으니 지역화폐 보편지원 아닌 선별 현금 지원해야 한다는 여론을 조작하기 위한 것으로 보입니다.

일본은 현금으로 지급했더니 10%만 소비하고 90%는 쓰지 않았으니, 3개월 내 써야 하는 지역화폐로 지급해 전액 소비했고, 소비대체 외 30%나 추가 소비했다면 현금 지급보다 나은 것이 분명합니다.

극단적으로 30% 증가는커녕 전혀 소비증가가 없이 전액 기존소비 대체만 했다 해도, 승수효과가 적은 유통대기업 매출을 승수효과가 큰 골목상권 영세자영업 매출로 대체하여 매출(소득)양극화 완화, 카드수수료 절감, 경제활성화 효과가 있는 것은 분명합니다.

여론조작과 진실 왜곡으로 기득권에 복무하려면 영향력 과시가 필요합니다. 보도 영향력 제고를 위해 언론사가 무가지 살포로 부수를 늘리고, 실제 유가 부수를 조작하는 일이 다반사였습니다.

문체부 조사 결과 '100만 구독'을 과시하며 영향력을 행사해온 유수의 모 일간지 유료 부수가 ABC협회 공표분의 절반에도 못 미친다고 합니다. ABC협회가 공표하는 부수는 수백, 수천억에 이르는 각종 정부 보조금과 광고 집행의 기준이 됩니다. 부수 조작은 언론시장 질서 왜곡은 물론, 국민 혈세를 훔치는 범죄입니다.

부수 조작 시정은 악의적 왜곡 보도에 대한 징벌 배상제 도입 같은 '언론개혁'의 축에조차 못 끼는 초보 과제입니다. ABC협회 개혁을 위해 문체부의 관리 감독을 강화하고, 신문사 관계자가 압도적 다수인 이사회 구조를 바꿔야 합니다. 스스로 자정할 수 있다면 더 바랄 것이 없겠지만, 여의치 않다면 강제수사를 통해서라도 협회 신문사 간 공모 여부를 밝혀 책임을 묻고, 투명하고 공정한 협회운영과 부수 공개 제도를 확보해 나가야 합니다.

언론은 헌법에 따라 민주적 기본질서를 지켜내고 국민기본권을 보호하는 공기로서 보호받는 만큼 정론직필의 공적 책임을 다해야 합니다. 공정한 언론 없이는 헌법이 지향하는 공정한 세상도 없기 때문입니다.

08

종교가 된
천안함 폭침 사건

2010년 3월 26일 백령도 해상에서 멀쩡하던 천안함이 두 동강 나서 46명의 병사들이 숨지는 사건이 발생했다. 이 사건은 10년이나 지났음에도 불구하고 북한의 폭침인지 아닌지에 대한 의견이 엇갈리고 있다. 다만 당시 이명박 정권은 이 사건을 북한의 잠수정을 이용한 어뢰 공격으로 폭침되었다고 공식 발표했다. 하지만 북한의 입장은 여전히 자신들과 관련이 없다는 것이다. 이 사건으로 인해 남북 간의 긴장이 고조되었다.

당시 민군합동조사단에 민주당 추천 몫으로 참가했던 신상철 전 조사위원은 2020년 9월 7일 '천안함 폭침 원인을 밝혀달라'라는 취지의 진정서를 대통령 소속 군사망사고진상규명위원회(규명위)에 제출했고, 2021년 3월 31일 규명위가 천안함 폭침 사건을 재조사하기로 했다는 소식이 알려졌다.

이 소식이 알려지자 전준영 천안함 생존자 예비역전우회장은 "나라가 미쳐 46명의 사망 원인을 다시 밝힌다면 몸에 휘발유를 뿌리고 청와대 앞에서 죽고 싶은 심정"이라고 밝히는 등 천안함의 생존자, 유족, 언론의 반대가 끊이지 않았다. 결국, 규명위는 재조사에 반대하는 유족, 언론에 밀려 재조사를 철회하겠다고 2021년 4월 2일 발표했다.

천안함 사건에 끊임없이 의문을 제기하게 되는 것은 어뢰의 공격으로 피격당한 천안함치고는 너무나 깨끗했으며, 사망자들은 모두 익사에 의한 사망이었다는 것이다. 당연히 이 사건에 의문이 갖을만하다. 그렇기에 법원은 사건 이후 10년 동안 줄곧 폭침설을 부인하고 관련 책까지 출판한 신상철 조사위원에 대해서 허위사실로 처벌하지 못했다.

이 사건이 북한에 폭침이 맞는다면, 대한민국 국군이 보인 태도가 더욱 의심스럽다. 천안함이 북한에 의한 폭침이라면, 이는 경계에 실패한 것이며, 전투에서 진 치욕적인 결과라고 할 수 있다. 대한민국의 국군은 전시나 평상시나 적군의 공격으로부터 자신을 보호하고, 그에 대응하는 공격을 해야만 한다. 그럼에도 불구하고 천안함 사건은 국군이 먼저 좌초 같은 사고를 부인하고, 오히려 적군에게 피격을 당했다고 당당하게 말하고 있다. 좌초로 천안함을 잃은 것보다, 적군의 피격으로 천안함을 잃은 게 더

떳떳하다는 것은 이해가 되지 않는다. 더욱이 이해가 안 되는 것은 천안함 함장 최원일 중령은 만기제대를 하고, 제대할 때는 대령으로 승진까지 했다. 천안함이 이명박 정부의 발표대로 북한에 의한 폭침이었다면, 그 공격을 막아내지 못하고, 부하들의 생명을 46명이나 잃은 지휘관은 군사재판에 회부되어도 할 말이 없는 사건이었다. 그런데 어떻게 된 것이 천안함 폭침으로 병사 46명을 잃고, 함정을 잃었는데도 그 누구도 처벌받지 않았다. 얼마 전 노크 귀순으로 문제를 일으켰던 사단은 사단장부터 병사들까지 무더기 징계를 받았는데, 천안함 사건은 아무리 생각해도 이해가 되지 않는다. 그러니 천안함 사건은 폭침이 아닐 것이라는 의심이 10년이 지난 지금도 있는 것이다. 그것은 마치 KAL기를 폭파시켰다는 주범 김현희를 사형 내지 무기징역을 살리지 않고, 안기부의 직원과 결혼을 시켜서 대한민국에서 떵떵거리며 살게 하고 있는 것과 판박이다. 그래서 김현희가 조작된 증인이라는 의심을 받고 있는 것이다.

천안함 사건은 선거 때만 되면 민주당 후보들을 물고 늘어지는 소재가 되었다. "천안함은 북한에 의한 폭침으로 침몰한 것입니까? 아닙니까?" 이렇게 몰아붙인다. 대한민국의 국민 중 절반은 북한의 폭침이라는 정부의 발표를 믿지 않고 있다. 그런데 선거철만 되면 민주당의 국회의원, 지자체 단체장, 장관, 대통령 후보들은 "천안함은 폭침이 맞습니다."라는 비굴한 대답을 해야만 했다. 만일 "천안함은 북한의 폭침이라는 정부 발표를 신뢰하지 못하겠다."라는 말만 해도 친북좌파, 종북좌파라고 맹비난을 받는다. 천안함의 북한 폭침을 믿지 못하면 대한민국 국민이 아니라고 한다. 천안함의 사건은 과학적 검증의 대상이 아니라, 북한은 악마라는 종교의 영역이 되었다. 그리고 그 종교는 애국의 기본 조건이 되어 무조건 믿어야만 하는 것이다.

하지만 여전히 대한민국 국민의 절반은 종교적이기보다는 과학적이다. 천안함 사건이 북한의 폭침이라는 정부의 주장을 신뢰하지 않고 있다. 그런 훌륭한 국민이 있는데고 불구하고 민주당의 후보들이 하나같이 북한의 폭침이 맞는다고 말하는 것은 비굴하기 짝이 없는 것이다.

나는 북한에 의한 폭침은 말도 안 되는 주장이라고 생각한다. 북한은 그럴 능력 자체가 없다. 서해바다의 그 낮은 해수면에서 쥐도 새도 모르게 내려와 천안함을 박살 내고, 잡히지도 않은 채 다시 북으로 돌아갔다는 주장 자체가 북한의 능력을 고무 찬양하는 일이다. 국방비를 북한과 비교하면 100배나 더 쓰면서도 천안함이 북한의 잠수정에 의해 피격되었다면 이는 대한민국 해군의 수치인 것이다. 오히려 쪽팔려서 북한에서 폭침시켰다고 우겨도 좌초했다고 축소해도 모자랄 판인 것이다. 그런데 정작 북한은 자신들의 소행이 아니라고 하지 않는가.

천안함이 북한에 의한 폭침이라면, 46명의 병사들은 전사가 되

는 것이고, 좌초에 의한 사고였다면 46명의 병사들은 순직이 된
다. 전사자들에게 더 많은 유족연금이 지급되다 보니 유족들은
전사 상태를 그대로 유지하고 싶어서 천안함 재조사를 반대하는
것은 아닌지 의심스럽다.

재조사 결과 폭침이 아닌 좌초라고 나오게 된다면 그게 왜 46
명 병사들의 명예를 훼손하는 것인지 이해가 되지 않는다. 오히
려 경계근무에서 실패하고, 전투에서 패배한 병사들보다는 정상
적인 근무를 하다가 낡은 군함의 뜻하지 않은 사고로 목숨을 잃
게 된 것이 더 명예롭지 않은가?

46명의 병사들은 전사가 되었던 순직이 되었던 그 희생은 마
땅히 존중받아야 한다. 그들의 명예를 진심으로 지키기 위해서
라도 전국민의 절반이 의심하고 있는 천안함 사건에 대한 명백
한 과학적 입증이 필요하다. 북한도 이미 천안함 사건을 함께 조
사하자고 제안하지 않았던가. 10년이나 지난 일이라고 대충 넘
어가서는 안 된다. 천안함이 북한에 의한 폭침이라는 허무맹랑한
주장에 마지못해 동조하면서 '천안함은 북한에 의한 폭침'이라는
비굴한 대답을 언제까지 할 것인가?

이재명은 2021년 3월 26일 페이스북을 통하여 다음과 같이 밝
혔다.

서해수호의 날을 맞아 국가의 안보를 위해, 동료 시민의 안

전한 일상을 위해 목숨 바쳐 헌신한 이 땅의 모든 장병들께 경의와 추모의 마음을 올립니다.

안보정책을 두고 다양한 입장이 있을 수 있습니다. 그러나 나라 위해 목숨 걸고 복무한 이들에게 합당한 대우를 해야 한다는 점에는 이견이 있을 수 없습니다. 숭고한 희생을 감내한 이들을 충분히 예우하지 않는다면 앞으로 누구도 국가를 위해 앞장서 나서지 않을 것입니다.

목숨 바쳐 헌신한 모든 장병들의 희생을 기억하며 그에 맞는 예우와 보상이 뒤따를 수 있도록 정치와 행정의 각별한 책무를 되새기겠습니다.

09

개성공단은
다시 열려야 한다

　개성공단은 김대중 대통령이 북한의 김정일 국방위원장과 함께 만든 남북경협의 상징이었다. 개성공단에서는 한국에서 한계산업에 봉착한 봉제, 섬유산업 등이 진출해서 남한의 자본과 기술 북한의 노동력이 결합해서 고품질의 상품을 만들어 해외에 수출했다. 이를 통해 한국은 베트남, 중국, 동남아 등으로 진출하지 않아도 되었으며, 북한은 개성 인근 주민들에게 일자리를 만들어주었다. 남과 북이 모두 상생하는 모범적인 경협이었다. 노무현 대통령은 개성공단을 더욱 확대해서 북한 곳곳에 남북경협공단을 만들고 싶어 했다.

　하지만 박근혜 정부는 개성공단에서 얻은 수익으로 북한이 핵을 개발하고 있다면서 일방적으로 개성공단을 폐쇄했다. 개성공단에 고용된 북한 노동자들의 수입이 북한의 핵개발 자금으로 쓰였다는 것은 그야말로 난센스이다.

오히려 개성공단은 북한 주민들이 자본주의 시스템을 학습하는 역할을 했다. 또한, 개성공단에 수많은 한국 기업인들이 상주함으로 인해 미국이 북한의 핵개발을 핑계로 북한을 공격할 수 없게 하는 완충지대 역할을 하면서 남북평화의 물리적 공간 역할을 했다. 개성공단뿐만 아니라 노무현 대통령의 구상대로 신의주, 원산 등 북한 곳곳에 공단을 개발한다면 한반도에서의 전쟁위험도 그만큼 줄어들어 한국에도 막대한 이득이 될 것이 자명하다.

문재인 대통령은 지난 대통령선거 당시 개성공단은 즉각적으로 다시 시작해야 한다고 공약했다. 그리고 대통령에 당선된 이후 남북정상회담이 열렸다. 한반도에는 다시 평화가 오는 듯 보였다. 트럼프와 김정은도 사상 최초로 북미정상회담을 하면서 기대감이 커졌다. 하지만 트럼프는 자신의 정치적 영향력을 키우는 데만 관심이 있었지, 실질적인 비핵화를 이루어내지 못했다.

금강산관광, 개성공단은 애초 UN의 제재대상이 아니었다. 하지만 금강산 관광처럼 한국 관광객이 북한군의 총격에 사망하는 예기치 못한 사건도 있었지만, 한국이 스스로 금강산 관광을 중지했다. 이어 개성공단은 최순실과 박근혜의 일방적인 철수 선언으로 중지되었으니, 언제든지 한국 정부의 뜻으로 다시 시작할 수 있는 사업이었다.

그런데 촛불혁명 정부라고 자타가 공인하는 문재인 정부가 들어섰음에도 불구하고 금강산 관광은 다시 시작될 수 없었고, 개성공단도 지금까지 열리지 않고 있다. 이는 문재인 정부의 패착이었다. UN의 제재대상도 아닌 두 사업을 다시 시작해도 되겠냐고, 트럼프 정부에 의사를 타진한 것이다. 당연히 미국은 반대했다. 미국은 남과 북의 화해를 절대 바라지 않는다. 물어보지 않아도 될 것을 물어봐서 결국엔 미국의 승인 없이는 한 발짝도 나갈 수 없는 수렁에 빠지고 만 것이다.

북한 입장에서 한국 정부는 미국의 승인 없이는 그 어느 것 하나도 자주적으로 해결할 능력이 없다는 것을 보여준 것이다. 그 결과 북한은 김여정의 지시로 2020년 6월 16일 '남북공동연락사무소'를 폭파했다. 김대중 대통령과 북한의 김정은 국방위원장의 정상회담 결과물인 '6.15 남북공동선언' 기념일 바로 다음 날이었다.

문재인 정부가 들어선 지 3년이 되도록 다시 열리지 않는 개성공단에 대해서 섭섭한 마음을 표현한 것이다. 그런 충격적인 방법이 아니고서는 문재인 정부가 개성공단에 관심을 두지 않을 것이라는 전략적인 판단일 것이다. 역으로 생각하면 북한이 개성공단을 얼마나 소중히 여겼는지를 보여주는 사건이었다. 한국의 자본(853억 원)으로 세워진 연락사무소를 폭파한 것을 두고 북한

이 신의를 저버렸다고 한국의 언론은 대서특필했으나, 북한은 오히려 개성공단을 금방이라도 열 것처럼 얘기하던 문재인 정부가 3년이 지나도록 미국의 반대로 열지 못하고 있는 것을 보고, 문재인 정부가 신의를 저버렸다고 얘기하고 있다.

왜 미국에 의사 타진을 하고 열려고 했는지 도무지 이해가 가지 않는다. 우리 스스로 결정할 수 있는 충분한 안건이었음에도, UN 제재대상도 아닌 우리 민족 내부의 문제임에도 불구하고 결국 미국의 승인이 없이는 다시 열 수 없게 된 것은 패착이었다.

다음 정권에서는 마땅히 우리 민족 내부의 문제인 만큼 즉각적으로 개성공단을 다시 가동해야 할 것이다. 개성공단에 입주했던 125개 기업은 박근혜 최순실의 일방적인 철수로 인하여 부도의 상태로 내몰렸다. 북한의 핵개발 자금을 봉쇄한다는 명분으로 폐쇄했지만, 결국 피해는 125개 입주기업들이 지고 말았다. 통일부가 밝힌 당시 피해액은 9,446억 원에 이른다. 문재인 정부에서는 이들에 대해서 일부분 손실 보상을 해 주었으나, 실질적인 보상은 개성공단의 재가동이 될 것이다.

2021년 2월 9일 이재명이 이끄는 경기도는 사단법인 민족문제연구소와 함께 '개성공단 재개 선언 범국민 연대회의 출범식'을 개최했다.

이재명은 이날 영상축사를 통해 "개성공단은 한반도 경제협력의 상징이자 남북 노동자들이 신뢰를 쌓은 작은 통일의 공간"이라며 "연대회의가 개성공단 재개의 물꼬를 트고 남북관계 진전의 계기가 되길 바란다. 경기도 역시 변함없이 모든 노력을 기울일 것"이라고 밝혔다.

2022년에는 개성공단이 다시 열리고, 금강산 관광도 재개되는 것을 넘어서, 노무현 대통령이 꿈꾸었던 서해 '평화의 바다' 구상이 실현되는 해가 되기를 기대해본다.

10

노동이
존중받는 세상

5월 1일은 노동절이다. 전 세계가 동시에 기념하는 날은 생각보다 많지 않다. 1월 1일 새해 첫날이 그렇고, 동양에만 있지만 음력 1월 1일 설날이 그러하고, 음력 4월 초파일 부처님오신날이 그러하고, 12월 25일 크리스마스가 그러하다. 그리고 5월 1일 '노동절'이 그러한데 대다수의 나라가 5월 1일 메이데이를 국경일로 정하여 쉬고 있다.

그렇다 보니 종교와 관련이 있는 부처님오신날과 성탄절 외에 유일하게 전 세계가 휴일로 기념하면서 쉬는 날은 메이데이 '노동절'이 유일하다고 봐야 할 것이다.

대한민국에서의 메이데이 공식명칭은 '근로자의 날'이다. 하지만 많은 사람은 국가가 '근로자의 날'이라고 하든 말든 노동절이라고 부르고 있다.

노동절은 1886년 5월 1일, 8시간 노동제 쟁취 및 유혈탄압을 가한 경찰에 대항하여 투쟁한 미국 노동자들을 기념하기 위해, 1889년 7월 세계 여러 국가의 노동운동 지도자들이 모여 결성한 제2인터내셔널 창립대회에서 결정된 날이다.

노동절은 그래서 전세계 노동자들이 동시에 쉬는 날이다. 중국은 5월 1일부터 5일까지 총 5일의 휴가가 주어진다. 미국에서 시작한 노동절이 중국에서 꽃피웠다고나 할까.

한국에서는 5월 1일 노동절에 대신해서 세계에서 유일하게 대한노총 창립일인 3월 10일을 '근로자의 날'로 정해서 기념해 오다 1994년부터 5월 1일을 근로자의 날로 정해서 쉬고 있다. 하지만 기념일의 명칭만큼은 노동절이라 하지 않고 근로자의 날이라고 하고 있다.

이제 명칭도 근로자의 날이 아닌 노동절로 바꾸고 법정 기념일에서 법정 공휴일로 바꾸자는 내용의 '근로자의 날 제정에 관한 법률'이 국회에 제출되어 있다.

근로와 노동은 사전적 의미부터 다르다. 근로는 힘을 들여 부지런히 일하는 것이고, 노동은 몸을 움직여 일하는 것이다. 근로에는 자본가의 시각이 들어가 있으나, 노동은 가치 중립적이다. 근로자는 임금을 목적으로 근로를 제공하는 자이고, 노동자는 본인의 노동력을 판매하여 생활을 유지하는 자이다. 근로보다는 노동이 조금 더 사용자와 동등한 위치에 있다고 볼 수 있다.

이재명은 알다시피 소년노동자 출신이다. 그렇다 보니 누구보다는 친노동자적이다. 노동자 출신이라고 해서 누구나 다 친노동자적이 되는 것이 아니다. 그만큼 이재명이 자신이 성장했던 환경의 모순에 대해 깊이 통찰하고 있다는 것이다. 이재명의 많은 정책은 자신이 사법고시에 합격하고 변호사가 되기 전에 보내야 했던 어린 시절의 아픔을 다음 세대들이 똑같이 겪지 말아야 한다는 생각이 투영되어 있다.

2021년 5월 1일 노동절을 맞이하여 페이스북에 올린 글은 자신의 소년노동자 시절의 아픔과 노동이 존중되고 그것이 다시 인간의 존엄이 존중되는 사회를 꿈꾸는 이재명의 정치철학이 투영된 글이다. 미리 보는 대선 출정식의 선언문 같은 느낌은 나만의 것이었을까?

〈땀의 실질 가치가 보장되는 세상을 열어갑시다〉

일하는 사람이 이 나라의 주인입니다.

청보리와 아카시아꽃으로 허기 달랬던 시절, 각성제를 삼켜가며 면직물과 가발을 만들어 경제발전의 초석을 닦았습니다.

이역만리서 흘린 땀으로 쇳물을 녹여 제조업 강국을 세우고, 세계 유례없는 근면함과 교육열로 고도성장의 첨탑을 올렸습니다.

그분들이 없었다면 세계 10위의 경제대국 대한민국은 없었습니다.

나라가 위기에 처했을 때도 일하는 사람들이 앞장서 지켰습니다.

일본 상인들의 횡포에 맞서 1892년 최초의 파업을 기록한 인천부두 두량군 노동조합으로부터, 박정희 유신의 종말을 앞당긴 YH 노조의 신민당사 점거, 87년 노동자 대투쟁으로부터 1700만 촛불 항쟁에 이르기까지. 대한민국의 민주주의와 주권은 노동자들에게 큰 빚을 지고 있습니다.

그러나 지금 대한민국의 노동이 위기에 놓였습니다.

가속화되는 디지털 전환과 탈탄소 산업 전환에 따른 대량실업 가능성, 플랫폼노동·특수고용 등 권리 사각지대에 놓인 미조직 노동자의 증가, 저성장시대로의 진입, 대·중소기업 노동자 간 소득격차 확대 등 구조적 난관들이 우리 앞에 있습니다.

더욱이 땀 흘려 일한 근로소득으로는 급격히 벌어지는 자산격차를 따라갈 수 없어, 대한민국은 땀의 가치가 천대받는 사회로 전락해가고 있습니다.

규칙을 지키지 않는 불로소득자들이 승승장구하는 그런 사회엔 희망이 자리하지 못합니다. 정당한 노동의 대가와 노동자의 권리가 보장받지 못하는 나라에는 더 풍요로운 미래는 없습니다.

경기도는 민선 7기 출범 이후 청소·경비노동자 휴게시설 정비, 건설노동자 임금체불 예방, 비정규직 공정수당 도입, 플랫폼 노동자 산재 지원, 취약 노동자 단체 조직화, 노동안전지킴이 확대 등 노동존중사회 구현을 도정의 핵심 목표로 삼아 매진해 왔습니다.

그러나 아직도 턱없이 부족합니다. 일하는 사람들의 꿈이 더는 짓밟히지 않도록 불로소득자 우위의 사회를 타파하고, 땀의 공정가치와 근로소득의 실질가치가 보장되는 사회를 반드시 열어갈 것입니다.

노동의 존엄함이 곧 인간의 존엄함이기에, 노동이 존중받는 세상을 이루는 것이 공정하고 새로운 세상의 출발점이자 종착역입니다.

11

다시,
정치란 무엇인가?

2020년 4월 7일 보궐선거는 더불어민주당 역사상 최악의 참패였다. 기울어진 언론환경만을 탓하기엔 그 충격이 너무 컸다. 한편, 기울어진 언론환경만을 탓한다면 다가오는 2022년 대선에서도 희망이 없을 것이다. 기울어진 언론환경은 어제오늘의 문제가 아니다. 윤석열 총장을 비롯한 검사들이 적대적인 것도 문민정부가 들어서기만 하면 고질병처럼 다시 나타났다.

지난 총선에서 조국에 대한 언론의 대대적인 흠집 내기 속에서도 민주당은 180석이라는 어마어마한 승리를 거두었다. 그러니 이른바 '조국 사태' 때 조국을 쳐내지 못했기 때문에 패배했다는 것도 어불성설이다. 국민은 개혁을 원했다. 개혁하라고 180석을 몰아준 것이다. 180석의 힘으로 입법을 통해 언론개혁도 하고,

검찰개혁도 하고, 민생개혁도 하라는 것이었다. 그런데 민주당은 실패했다. 그러니 국민은 180석으로도 개혁을 못 하는 민주당에 대해 무능하다고 판단한 것이다. 무능한 민주당을 심판하기 위해 그 형편 없는 후보인 오세훈과 박형준을 도구로 쓴 것이다.

그런데 만일 이번 선거 패배의 요인을 조국에게 묻고, 공공임대주택을 더 확보해야 한다는 부동산 정책의 실패에 물어서 민간 건설업자들에게 힘을 실어준다면 다음 대선도 가능성이 없게 될 것이다.

국민은 개혁을 제대로 못 해서 회초리를 든 것이지, 개혁피로감이나 개혁의 방향이 잘못되어서 든 것이 아니다. 한마디로 말해서 민주당은 개혁이라는 시대적 과제를 제대로 완수하지 않아서 심판받은 것이다.

이재명은 선거 다음 날 "준엄한 결과를 마음 깊이 새기겠습니다. 당의 일원으로서 무거운 책임감을 느낍니다. 국민께 더 가까이 다가가고, 더 절박하게 아픔을 나누고, 문제 해결을 위해 더 치열하게 성찰하겠습니다."라고 소감을 밝혔다. 그리고 이재명은 2주일 동안 그렇게 자주 하던 페이스북을 하지 않았다. 이재명이 SNS를 하지 않는 것에 대해서 많은 억측이 있었다. 그리고 마침내 2021년 4월 20일 이재명은 긴 침묵을 깨고 페이스북에 〈정치는 실용적 민생개혁의 실천이어야 합니다〉라는 제목의 글을 올렸다.

이 글에서 이재명은 조선시대 최고의 개혁정책이었던 '대동법'을 언급했다.

임진왜란이 끝난 이후 가장 힘들었던 계층은 농민들이었다. 임진왜란 이전에는 세금을 내야 하는 사람들은 평민들이었다. 양반들은 세금을 내지 않았다. 하지만 전쟁 이후 광해군은 개간사업을 통해 농사를 지을 수 있는 경작지를 늘렸다. 그리고 토지의 질과 크기에 따라 세금을 매겼으며, 세금을 낼 때는 쌀로 내게 했고, 양반들에게도 세금을 내게 했다. 농민들의 절대적인 찬성이 있었던 것은 당연했다. 대동법을 담당하는 기구를 백성들에게 은혜를 베푸는 '선혜청(宣惠廳)'이라고 한 것만 봐도 이 제도의 성격을 알 수 있다.

광해군은 조세수입을 늘리기 위해 대동법을 시행한 것은 물론이고, 부유층에게는 돈을 받고 명예직 벼슬을 주는 공명첩 제도도 만들었다. 조세수입을 늘려서 백성들의 삶의 질을 높이고자 함이었다.

이재명이 새삼 '대동법'을 언급했는지 4월 21일 이재명이 페이스북에 올린 글을 감상해보기 바란다.

경기 광명시 소하동에는 완평 이원익 선생 말년의 거처인 관감당이 있습니다. 이 관감당은, 청백리였던 이원익 선생이 다섯 차례나 영의정을 지내고도 퇴직 후 비가 새는 두 칸 띠집에 사는 것을 알게 된 인조가 '모든 관료들이 보고(觀) 느끼도록(感) 하라'는 뜻으로 지어준 것입니다.

이원익 선생은 광해군 1년에 경기선혜법(경기도 대동법)을 시행함으로써 조선시대 최고의 개혁인 대동법의 초석을 놓았습니다. 선생은 "백성이 오직 국가의 근본"이고 "그 밖의 일들은 전부 군더더기일 뿐"이라며, 민생 문제의 해결을 정치의 첫 번째 임무로 강조하였습니다. 그런 그가 있었기에 대동법은, 기득권층의 강력한 반대와 인조 대의 삼도 대동법(충청, 전라, 강원) 실패에도 불구하고 숙종 대에 이르러 전국에서 꽃을 피웁니다.

결국 정치는 더 나은 세상을 실천적으로 만들어가는 과정이라고 믿습니다. 그래서 정치에선 작든 크든 민생에 도움되는 실질적 개혁을 실천하고 있는지 일상적이고 깊은 성찰이 필요합니다. 국민의 기대와 눈높이에 맞게, 민생개혁 목소리의 크기만큼 실제 국민의 삶이 개선되었는지에 대해 국민이 의문을 제기하며 책임을 묻는 지점도 바로 그것이라고 생각합니다.

더 나은 질서와 더 나은 세상을 만드는 것이 정치이고, 정치는 정책으로 구현되는 것이라면, 기존 정책에서 이익을 얻던 이들의 변화에 대한 반발과 저항은 당연한 일입니다. 설득과 타협을 하되 국민이 원하고 해야될 옳은 일을 관철하라고 부여한 권한을 적절히 행사해야 합니다.

더 효율적인 개혁일수록 저항은 그만큼 큰 법이고, 반발이 적은 작은 개혁도 많이 모이면 개벽에도 이를 수 있습니다.

거창한 것은 시간과 노력, 기득권을 넘기 어려워 포기하고, 작은 것은 시시해서 시도하지 않는다면 세상은 바뀌지 않을 것입니다.

변화는 할 수 있는 작은 것에서 시작됩니다. 민생을 최우선으로 했던 선현들의 대를 이은 노력이 100년에 걸쳐 대동법을 완성했듯이, 티끌만 한 성과를 부지런히 이뤄내면 그것이 쌓이고 쌓여 태산 같은 변화를 만들어낼 것입니다.

그분들께 감히 비할 수 없겠습니다만, 마음만큼은 늘 따라가고자 하루하루를 다잡습니다.

경기도 사업 중에 사소해 보이지만 유독 전국 최초가 많은 것은 온갖 영역에서 작을지라도 조금이나마 민생에 도움이 되는 방법은 최대한 찾아내기 때문입니다.

아동복지시설 등에서 보호받다 18세가 되어 시설을 떠나야 하는 보호종료 아동의 자립을 돕기 위한 주거, 자립지원금 증액, 사회적기업 고용기간 연장이나, 산재보험 사각지대에 처한 플랫폼 노동자들의 산재보험료 지원 사업도 작은 것부터라도 바꿔보자는 노력의 일부입니다.

아파트 경비노동자 휴게시설 개선사업, 여성 청소년 생리용품 보편지급, 공공개발이익 도민환원제 같은 여러 정책도 마찬가지입니다.

권한과 역할이 제한적이고 비록 세상을 바꾸기엔 턱없이 부족한 작은 시도일지라도 당사자들에게는 절실한 민생 문제입니다.

일을 추진하다 보면 수술실 CCTV 설치처럼 높고 두터운 기득권의 벽을 만나기도 하지만 포기할 수는 없습니다. 기득권에 굴복하면 변화는 요원하기 때문입니다.

앞으로도 할 수 있는 작은 변화를 꾸준히 만들어내는 것에 집중하겠습니다. '민생을 해결하는' 정치의 효용성에 대한 신뢰를 되찾을 수 있다면, 벽이 아무리 높다 해도 포기하지 않겠습니다.

지금 해야 할 일은 낮은 자세로 주권자를 두려워하며, 국민의 삶을 개선하기 위해 작든 크든 '실용적 민생개혁 실천'에 끊임없이 매진하는 것입니다.

Epilogue
에필로그

이제 이 책을 정리할 때가 왔다.

여기까지 인내심을 갖고 부족한 나의 글을 끝까지 읽어준 독자분들께 진심으로 감사드린다.

이 책의 집필을 계획한 것은 4년 전이었다.

19대 대통령 후보 민주당 경선에서 이재명이 문재인 후보에게, 그리고 안희정 후보에게마저 지던 날인 2017년 3월 9일부터였다. 그때부터 문재인 대통령 다음으로 이재명 대통령을 만드는데 작은 밀알이나마 보태겠다고 다짐했다.

그때는 우리가 너무 준비가 안 되었다는 이재명의 말에 동감이 되었다. 잘 준비해서 다음에는 꼭 승리하자는 이재명의 말에 진심으로 박수를 보냈다.

이 책이 이재명에 대해서 매우 편향적으로 우호적이라는 지적을 받을 수 있을 것이다. 나는 그 지적이 타당하다는 것을 인정한다. 마치 자신들은 매우 공정이며, 조금도 편파적이지 않다면서도 문재인 대통령과 민주당을 음해하는 기사만 쏟아내는 보수언론이야말로 스스로 객관적이라는 가면을 벗어던져야 한다고 생각한다.

이 책을 통해 이재명의 장점을 최대한 알리려고 노력했다. 이재명이 성남시장부터 경기도지사를 하면서 이루어낸 여러 성과와 아직은 이루지 못한 이재명의 정책을 살펴보았다. 이 책을 쓰면서 개인적으로는 이재명에게 나의 꿈을 맡겼던 것이 잘한 선택이었다는 것을 다시금 느낄 수 있었다. 이재명은 내가 그동안 생각해왔던 것보다 훨씬 더 개혁적인 정치인이라는 것을 알게 되었다.

또한, 이 책을 쓰면서 이재명의 대권 경쟁자들에 대한 평가는 최대한 자제했다. 이재명의 경쟁자들을 비난한다고 해서 이재명이 돋보이는 것은 아니다. 그래서 오직 이재명의 정책과 생각을 중심으로만 이 책을 쓰려고 했다. 그래도 불가피하게 언급할 수밖에 없었던 대권 경쟁자도 있었다. 특히 민주당의 이낙연 전 대표에 대해 언급할 때는 같은 민주당 당원으로서 마음이 아팠다. 특히 문재인 대통령에 대해서 언급할 때는 너무나 마음이 아팠다. 그리고 나의 언급 또한 내 개인의 매우 편파적인 비판일 수 있다는 것을 인정한다. 그리고 그 비판은 순전히 나의 생각일 뿐이지 이재명의 생각도 아니다.

이 책은 이재명과 그 어떤 사전 교감도 없이 출판하는 책이다. 그렇다 보니 여기 쓰인 내용 중 몇 가지는 이재명의 생각이기보다는 나의 꿈과 희망을 이재명이라는 도구를 통해서 이루고 싶은 것이었을지도 모른다. 이재명이 스스로 말하지 않았던가. 대통령은 국민의 머슴이라고. 대통령을 고용할 국민의 한 사람인 내가 이재명이라는 머슴을 통해 몇 가지 이루고 싶은 것이 있다고 해서 잘못된 것은 아니지 않겠는가. 하지만 머슴에게도 부당한 지시에 대항할 자유는 있는 것이다.

지난 4월 보궐선거에 참패한 이후 문재인 대통령 리더십에 적잖은 타격이 있었다. 그래도 지금은 그 어느 전직 대통령보다 높은 지지를 받고 있다.

이재명은 김대중, 노무현 그리고 문재인 정부를 계승하는 대통령이 되어야 한다. 문재인 대통령에게 혹시 레임덕이 온다고 해서 문재인 대통령을 정면으로 비판하는 민주당의 후보가 되어서는 안 된다.

현직 대통령을 비난하지 않고 오히려 계승하고자 했던 노무현과 박근혜는 선거에서 승리했지만, 현직 대통령을 정면으로 들이받았던 이회창과 정동영은 패배했다는 것을 기억해야 한다.

어쩔 수 없이 천안함 재조사, 세월호 진상규명, 금강산 관광 재개, 개성공단 재가동, 남북 및 북미 평화협정 등 수 많은 과제가 다음 대통령의 몫이 될 거 같다. 하지만 다음 대통령은 임기의 대부분을 미국 민주당과 함께 하는 행운이 있으며, 국회의원 180석이라는 우군을 갖고 있다. 하고자 하는 일이 있다면 개헌을 빼고는 뭐든지 할 수 있을 것이다. 그러므로 2022년에 새로운 임기를 시작하게 될 대통령에게 기대가 크다.

이재명은 "불가능한 것을 가능하게 만들고, 새길을 만들어가는 것이 정치다."라고 했다. 기득권의 저항 때문에 안 되고, 다른 나라에서도 해본 적이 없다고 안 되고, 미국이 반대해서 안 되었던 대한민국의 미래를 위해서 꼭 해야만 하는 것을 하는 대통령이 되기를 바란다.

이제 정말 이 책을 마무리해야 할 때가 되었다.

이 책이 나올 수 있도록 아낌없이 성원해주고 지금은 '기본소득국민운동본부' 상임대표로 활동하고 있는 나의 자랑스러운 친구 김세준 교수, 함께 배드민턴을 치면서 우정을 쌓아 온 성원클럽의 안치관 형님, 변갑수 형님, 김상희 · 김혜미 님, 홍상식 형님, 김유정 님, 조훈 님, 홍봉주 님, 이규종 형님, 지금까지 인내심을 갖고 밀어주신 예림인쇄 박재성 대표님, 그리고 이 책을 쓸 수 있도록 내 가슴에 뜨거운 영감을 넣어준 이재명 경기도 지사님께 감사를 드린다. 마지막으로 지금도 전국 곳곳에서, 그리고 온라인상에서 이재명의 정책을 알리고 있는 이재명 지지자들께 깊은 연대의 감사를 드린다.

2021년 5월 1일 노동절에
'노동이 신성한 것이 아니라, 인간이 존엄한 세상'을 꿈꾸는 대
한민국 첫 노동자 대통령의 탄생을 기원하며.